1日15分の加圧エクササイズで痩せる・若返る

魔法の血管ストレッチ加圧

Blood vessel stretch

一般社団法人
日本血管ストレッチ協会 代表理事
前田隆雄

めでぃあ森

はじめに

「血管をストレッチするってどういうことなんだろう」

「運動で血管の状態を変えることができるんだろうか」

そんな疑問を持たれたかもしれません。

血管を若く保つためのポイントは、血流です。つまり血流を適度に制限しながら筋トレを行い、人工的に血管の拡張・収縮を繰り返す。その結果血管の弾力性を高める。これが、®血管ストレッチ加圧のメカニズムです。

しなやかで弾力のある血管は、若さと健康のために不可欠なものです。「人は血管から老いる」と言われているように、老化により血管が硬くなり血管年齢が進むと、全身のあちこちに不具合が現れてきます。だからこそ手軽にできる加圧エクササイズでの対策が必要です。もちろん私自身は血管ストレッチ加圧を続けているので、実年齢は50代ですが、血管年齢はいつも30代です。

- 脂肪を減らして10年前の体型を取り戻したいという方
- 体力をつけて、山歩きを楽しめるようになりたいという方
- 肩こり、膝の痛みや腰の痛みを改善したいという方
- 血圧や中性脂肪値等を改善し、体温を上げ免疫力アップしたいという方
- 老後、子供達に迷惑をかけたくないので動ける体を維持したいという方

様々なご要望を持つ皆さんが加圧エクササイズを続けて、目標を達成しました。そんな方達の様子を見て、血管ストレッチ加圧を世界中の多くの人に知っていただきたいという思いから本書を出版しました。

適切なトレーニングを続けることで、何歳であっても人間の身体は必ず改善していきます。無駄な贅肉が減り引き締まるだけではありません。血管が若返ることで、身体の内側からアンチエイジングができるのです。

本書では、上半身から下半身、体幹まで、最も効果を感じていただけるエクササイズ例を具体的に紹介してあります。私が一人ひとりのそばで、パーソナルトレーニング指導しているような本になるように、わかりやすくまとめました。現代人はパソコン、スマホのやり過ぎで活性酸素がたまりやすくなっています。1日5分でも10分でも歯を磨くように血管ストレッチ加圧エクササイズを行って、筋力アップで太りにくいカラダへ体質改善、体温を上昇させて免疫力アップをする必要があります。

さあ、健康のために、若さ維持のために、一緒に始めましょう。

1日15分の加圧エクササイズで 痩せる・若返る

魔法の血管ストレッチ加圧

第1章

血管ストレッチ加圧の秘密

第2章 血管ストレッチ加圧Q＆A

第3章

血管ストレッチ加圧実践編

撮影・濱口太　モデル・前田佳代子

血管ストレッチ加圧の エクササイズを始めるにあたって

>> 日本血管ストレッチ協会の有資格者から指導を受けてください。オンラインも可能です。

>> 16歳以上の心身共に健康な方が行ってください。

下記に該当する方は、エクササイズを始める前に
必ず担当医師に相談して行ってください。

- 心臓に障害のある方
- 悪性腫瘍のある方
- 妊娠中の方
- 皮膚疾患のある方
- 高血圧症の方
- 急性疾患、化膿性疾患のある方
- 骨折、脱臼、肉離れ、骨粗鬆症のある方

上記以外に、身体に異常を感じている方

ご不安のある方は、日本血管ストレッチ協会（127ページ）まで
お問い合わせください。

1
血管ストレッチ加圧の秘密

The secret of blood vessel stretching Pressurization

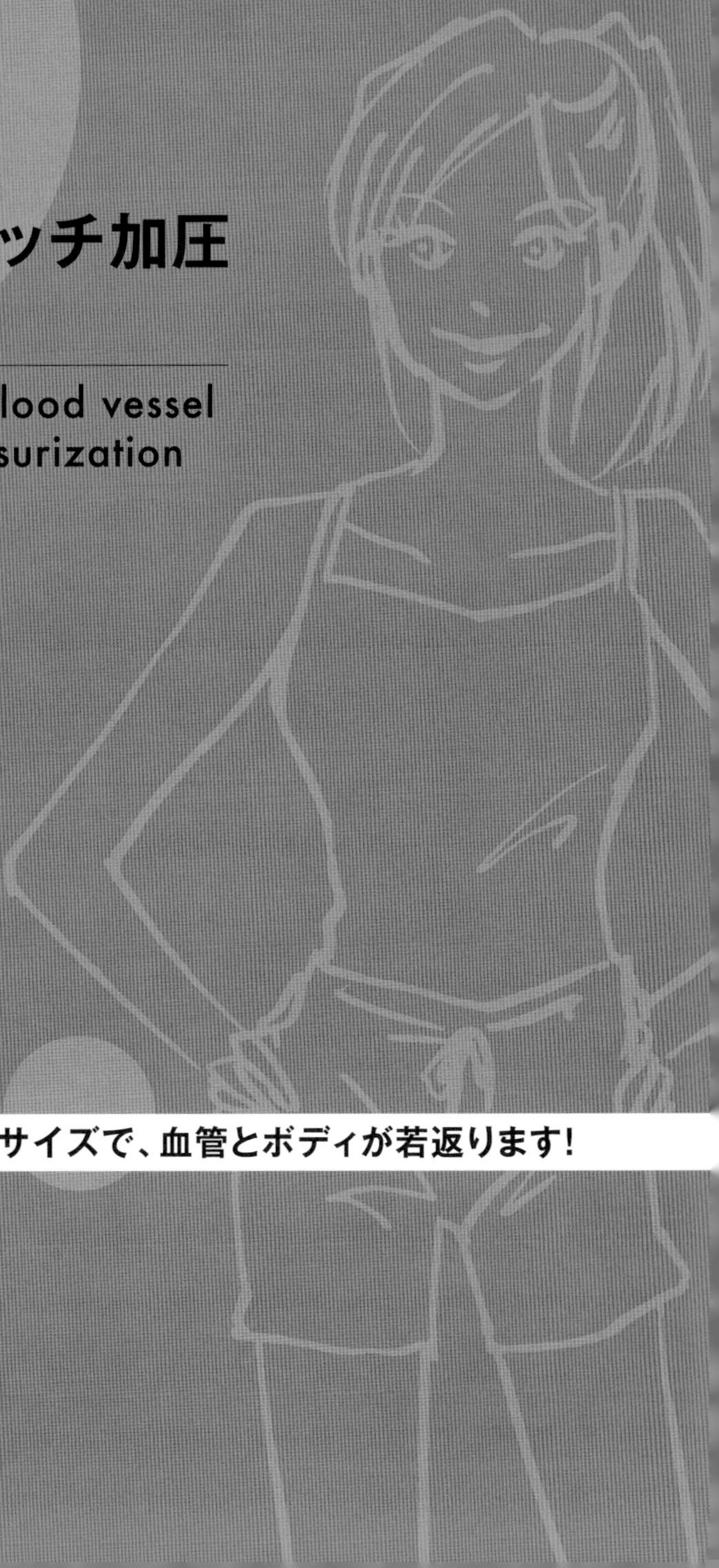

毎日のエクササイズで、血管とボディが若返ります!

血管ストレッチ加圧で血管の若返り＋ボディメイク

「健康のために体を動かしたい」「シェイプアップしたい」「いつまでも若々しくいたい」……運動を始める理由は人それぞれです。しかし運動しようと思っても、時間を作れなくて止めてしまったという話もよく聞きます。

血管ストレッチ加圧は、自宅でいつでも始められて自分のペースに合わせて続けられる運動です。腕と脚の付け根に専用のベルトで圧力をかけながら、簡単な動きをするだけ。血流を制限して行うことで、さまざま効果が期待できます。

血管が若返るのは、なぜ?

若く健康な血管は、しなやかで弾力性があります。しかし年齢とともに血管は硬くなり、本来の弾力性も失われてしまいます。これが血管の老化です。

血管ストレッチ加圧では、腕や脚のつけ根にベルトを締めて血流を制限。すると多くの血液がたまってくるため、血管が拡張します。そしてベルトを外すと血液は勢いよく流れ、血管は収縮します。このように拡張、収縮を行うことで、血管にしなやか

血管ストレッチ加圧で血管が若返るメカニズム

1 腕や脚のつけ根にベルトを巻く

▼

2 血流が制限される

▼

3 腕や脚の毛細血管に多くの血液がたまる — 血管が拡張

▼

4 ベルトをゆるめると血液が一気に勢いよく流れる — 血管が収縮

▼

5 拡張と収縮の繰り返しで血管に弾力が生まれる — 血管の若返り

さと弾力が生まれ、血管が若返ることになるのです。
　その結果、美肌効果にもつながります。

時短&低負荷でボディメイクができる

　若々しく弾力のある血管を保つだけでなく、脂肪を落として筋肉量を増やし、効率的にボディメイクができるのも血管ストレッチ加圧の特徴です。これまでは運動で痩せようと思うと、厳しいトレーニングを一定の時間続けて行う必要がありました。血管ストレッチ加圧なら、一回5~15分程度のエクササイズで効果があります。重いダンベル等も必要ありません。血流を制限して行うことで、時短&低負荷でシェイプアップをすることができます。一般的な筋トレより効果を感じるのが早いと言われ、お腹、ヒップ、二の腕など気になる部分が自然に引き締まります。

Maeda's column

血管を若くするのは体内の一酸化窒素

血管の弾力やしなやかさを保つ働きをしているのは、体内の一酸化窒素です。自然界に存在する一酸化窒素は有害ですが、体内で合成される一酸化窒素は血管の若さを保つためにはなくてはならない物質です。さらに一酸化窒素には、血圧を安定させ血行を促進する作用もあると言われています。
　一酸化窒素を産生するのは、血管の内側をおおっている血管内皮細胞です。たとえば血管ストレッチベルトを巻いて血流を制限しながらエクササイズを行うと、血管に多くの血液が流れるようになります。すると、血管内皮細胞の働きが高まるため、体内の一酸化窒素が増加します。つまりこのエクササイズを継続して行うと、年齢とともに硬くなった血管を柔らかく弾力のある血管に改善できるというわけです。

血管ストレッチ加圧は
誰でも簡単にボディメイクができる!

	血管ストレッチ加圧	他のトレーニング
場　所	自宅や公園 ジムやスタジオなど	ジムやスタジオ
時　間	1回10～15分	1回30分～1時間
負　荷	低負荷 (自重または 500mlペットボトル)	ある程度の高重量の負荷が 必要になることが多い
効果がでるまでの期間	早い (個人差はあるが 2～3ヶ月程度)	時間がかかる (半年程度かかる ケースが多い)
難易度	簡単 (運動の経験や 年齢を問わない)	難易度が高いものが多い (運動が苦手な人や 高齢者には向かない)

あなたは大丈夫？ 血管年齢が進んでいるのは、こんな人

血管の老化を進める要因には、加齢以外に食生活や生活習慣、ストレスなどがあります。ですから同じ年齢でも血管が若い人と血管年齢が進んでいる人がいます。

特に血管年齢が進んでいる傾向があるのは、次のような人です。

BMIが25以上の人

BMIとは肥満を判定する指標の1つで、体重（kg）を身長（m）の二乗で割って算出されます。

BMI値＝体重（kg）÷（身長m×身長m）

BMI22が標準体型で最も病気になりに

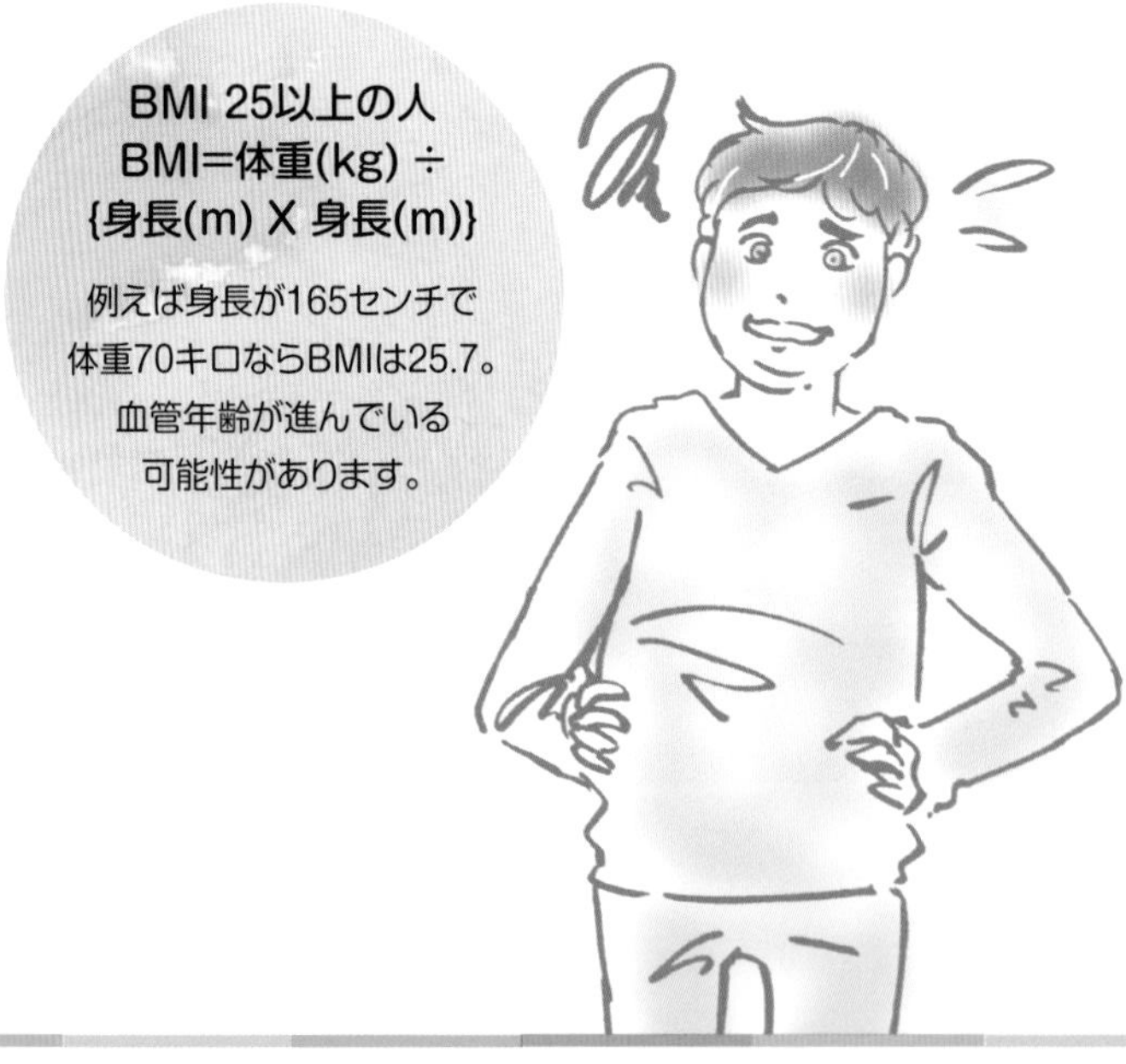
BMI 25以上の人
BMI=体重(kg) ÷
{身長(m) X 身長(m)}
例えば身長が165センチで
体重70キロならBMIは25.7。
血管年齢が進んでいる
可能性があります。

くいとされ、BMI25以上は肥満とされます。しかし肥満の人でも運動習慣がある人や筋トレを続けている人は、血管年齢が進んでいないという傾向があります。

20歳の頃と比べて5キロ以上太った人

「若い頃はスリムだったのに、年齢とともに体重が増えてしまった」

「出産の度に太って、体型がすっかり変わってしまった」

そんな人も多いのではないでしょうか。

BMI値が高くなくても、昔と比べて体重がかなり増えている人は要注意です。20歳の頃の体重と比べて5キロ以上増えていないかどうかが目安と考えてください。それ以上太ると、血液中の中性脂肪や悪玉コレステロール等が増加し、血管年齢が進みやすくなると言われています。

20歳の時より
5キロ以上太った人

毎年少しずつ体重が増えている人や出産の度に太ってしまった人も要注意です。

タバコを吸う人

肺がんの原因になるといわれるタバコですが、血管にも大きなダメージを与えます。タバコに含まれる主な有害物質と言えば、ニコチン、タール、一酸化炭素。その中でも特に血管に影響を与えるのが、ニコチンと一酸化炭素です。

ニコチンは血管を収縮させるため、血圧を上げ、血管を傷つけます。例えばタバコを吸って頭がクラクラした経験はないでしょうか。これは脳の血管が収縮したことが原因です。長年喫煙習慣のある人は、血管年齢が実年齢よりも10歳も20歳も高い人が珍しくないようです。

ストレスが多い人

人間はストレスを感じると交感神経が優位になり血圧が上がります。ストレスに長期間

タバコを吸う人
タバコに含まれるニコチンは
血圧を上げ血管にダメージを
与えるため、血管年齢が
進みやすくなります。
ストレスが多い人
ストレスを感じることが多いと、
その度に血圧が上がり、
血管が厚く硬くなります。
stress

さらされていると、頻繁に血圧が上昇するため、血管に傷がついてしまいます。傷は自然に修復されるのですが、その繰り返しで血管が厚く硬くなってしまうのです。

40代後半～50代以降の女性

「血管年齢が高いのはメタボ気味の中高年男性」という印象を持っている人もいるでしょう。しかし実は女性にも血管年齢の進んでいる人が少なくありません。

特に40代後半からは血管が硬くなりやすくなります。それは血管の守り神とも呼ばれる女性ホルモンのエストロゲンが減少し始めることが原因です。

見た目は太っていなくても、エストロゲンの減少により血管年齢が進んでいる女性は意外に多いと言われています。

hor
mone
40代後半～
50代以降の女性
女性ホルモンの減少により、
血管年齢が
進みやすくなります。

血管美人は全身美人
回復ホルモンの大量分泌で美肌&くびれ復活

血管ストレッチ加圧でエクササイズを続けると、肌や髪、全身へのアンチエイジング効果が期待できます。

人間の身体は、筋トレをするとグリコーゲンなどの糖類が消費され、乳酸と呼ばれる物質が発生します。この乳酸には、疲労回復を促すホルモンが脳下垂体から分泌されるのを盛んにする働きがあります。そしてホルモンは、全身の細胞分裂を活発にし、新陳代謝を促進します。

血管ストレッチ加圧の場合はベルトを巻いて血流を制限するので、血液中の乳酸濃度は通常のトレーニングより大幅に高くなります。その結果、疲労回復を促すホルモンが大量に分泌されるのです。

このホルモンは、子供の頃身長を伸ばすために分泌され、10代で体内量が最大になります。しかし20歳頃になると低下し始め、40歳頃には10代の5分の1から7分の1ほどに減少してしまいます。この貴重なホルモンを血管ストレッチ加圧なら大量に分泌させることができるため、次のような効果が生まれます。

ベルトを巻いてない場合

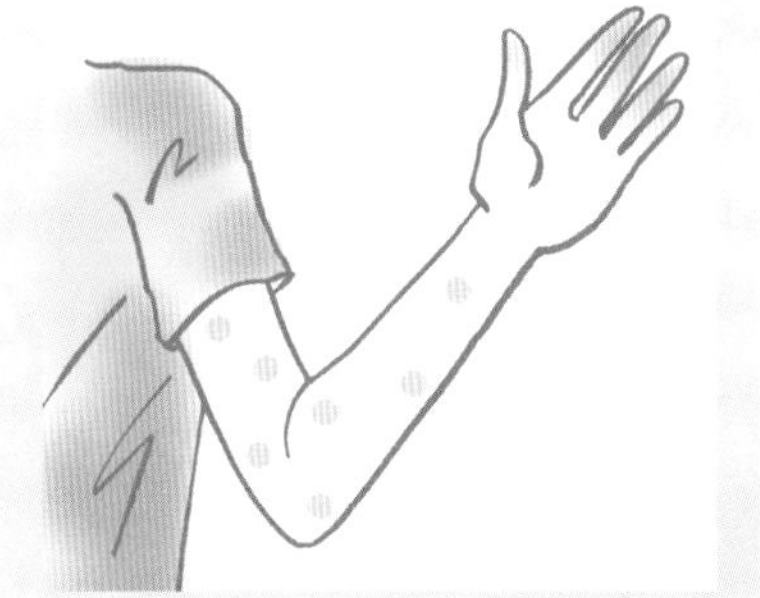

血流を制限しないので
筋肉内に乳酸は
あまりたまらない

▼

筋肉内の
乳酸値を上げる
には、高重量または
きついトレーニング
が必要

ベルトを巻いている場合

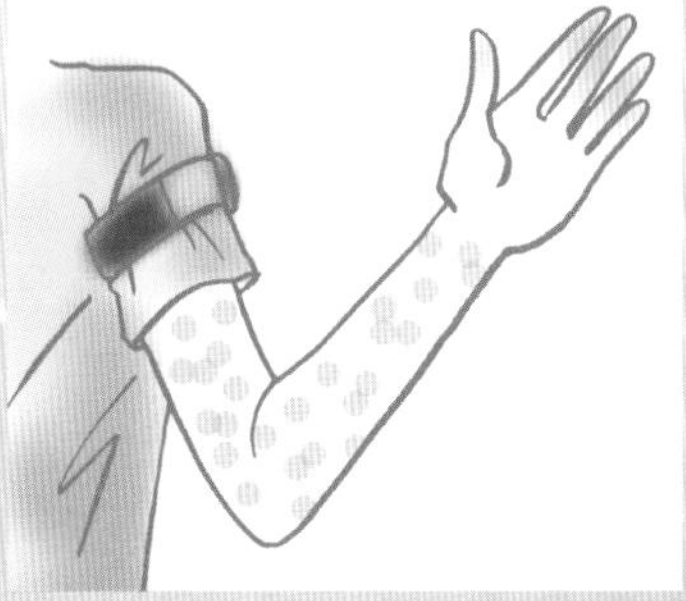

血流を制限しているため
筋肉内に乳酸が
たくさんたまる

▼

脳の
下垂体前葉
を刺激

▼

疲労回復を
促すホルモンが
大量に
分泌される

美肌になる

乳酸により分泌が増えるホルモンによってヒアルロン酸を生成する線維芽細胞が活性化されるため、肌に生き生きとしたハリが戻ってきます。また新陳代謝も高めるので、くすみのない明るい美肌になると言われています。

髪が元気になる

髪の主成分はケラチンと呼ばれるタンパク質です。ケラチンも回復を促すホルモンの働きで合成されるため、ツヤのある健康な髪を維持することができます。「血管ストレッチ加圧を続けていたら髪にボリュームがでてきた」、「パサつかなくなった」という声もよく耳にします。

お腹まわりがすっきりする

お腹が出てくる原因は、主に内臓のまわり

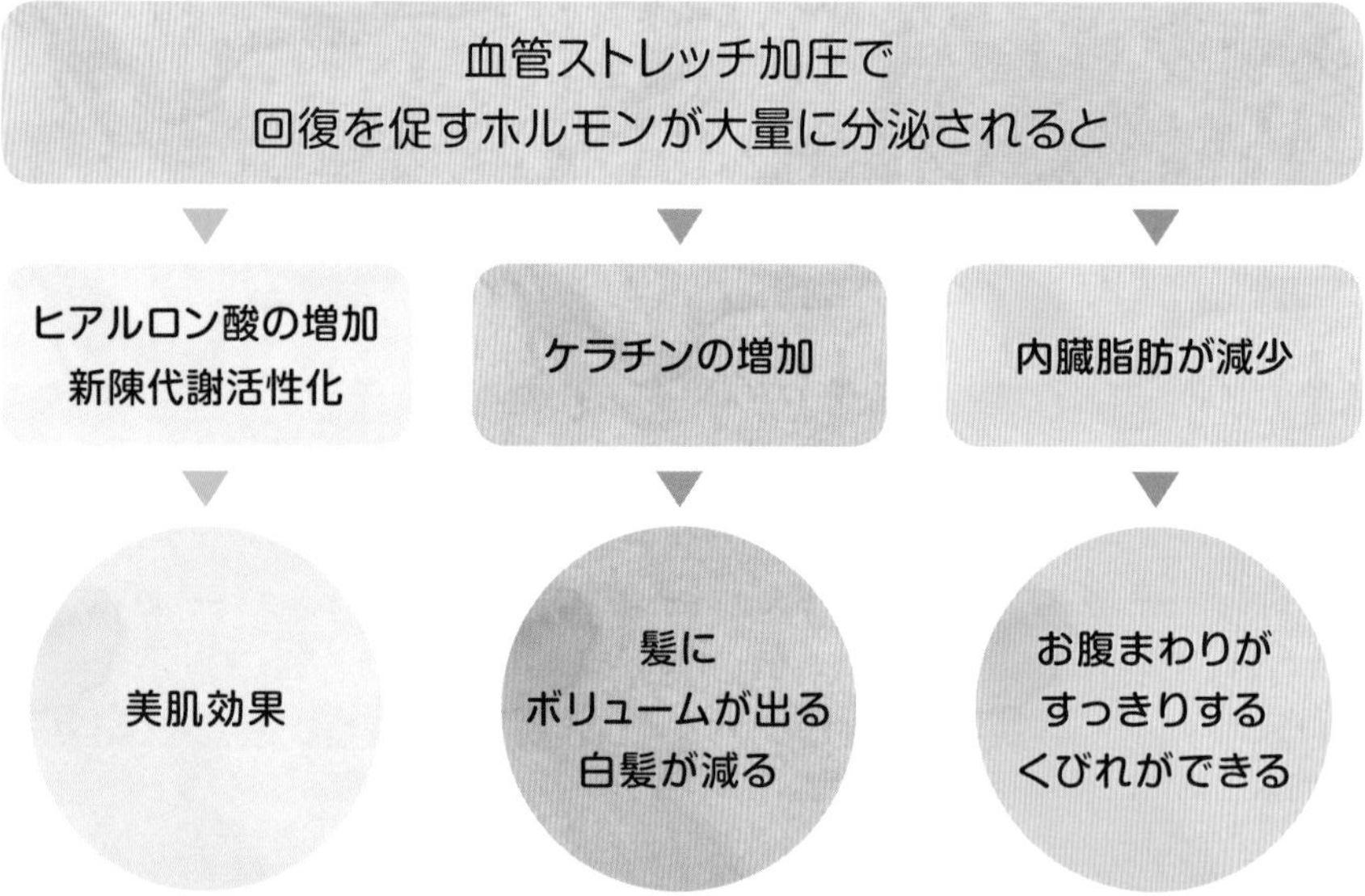

につく内臓脂肪。若い頃は脂肪を分解するリパーゼという酵素が豊富なため、太ってもお腹まわりに脂肪がつくことはほとんどありません。しかし年齢とともにリパーゼが減少するため、脂肪が蓄積します。回復を促すホルモンはこのリパーゼの働きを活性化するのでお腹まわりがすっきりして、きれいなくびれが戻ってきます。

Maeda's column

血管ストレッチ加圧で、白髪が黒くなった？

実際に私が指導をした方の例です。白髪が気になって頻繁に染めていたそうですが、エクササイズを続けるうちに染める間隔が徐々に開いていき、あるとき鏡で根元を見てビックリしたとのこと。写真でも白髪が黒くなっているのがはっきりわかります。これは、血管ストレッチエクササイズによって回復を促すホルモンの分泌が盛んになり、髪の主成分であるケラチンの合成が盛んになったためと考えられます。

毛細血管を回復する加圧エクササイズで冷えや肌のくすみも改善

「夏でも指先が冷たい」「靴下をはかないと眠れない」……。女性に多い冷え性は、毛細血管の数が減少していることが深く関係しています。

血管というと動脈や静脈などの太い血管をイメージするかもしれませんが、実は人間の血管の約95％は毛細血管。毛細血管は全身の細胞のすみずみに酸素や栄養を届ける重要な働きをしています。しかし毛細血管が減少してしまうと、足先や手先に血流が届かなくなり、冷え性の原因になってしまうのです。

末端まで血液を流し毛細血管を増やす

血管ストレッチ加圧は、この毛細血管の減少を改善する効果があると言われています。末端に血液が届かなくなるのは、川に例えれば水が流れなくなって干上がった状態。ベルトを巻いて血流を制限するとベルトより先端の部分に血液が多くたまり、干上がっていた毛細血管の先まで血液が流れていきます。その結果、酸素や栄養が届くようになって血流がよくなり、毛細血管の数も増加します。

ベルトを巻かずに運動すると

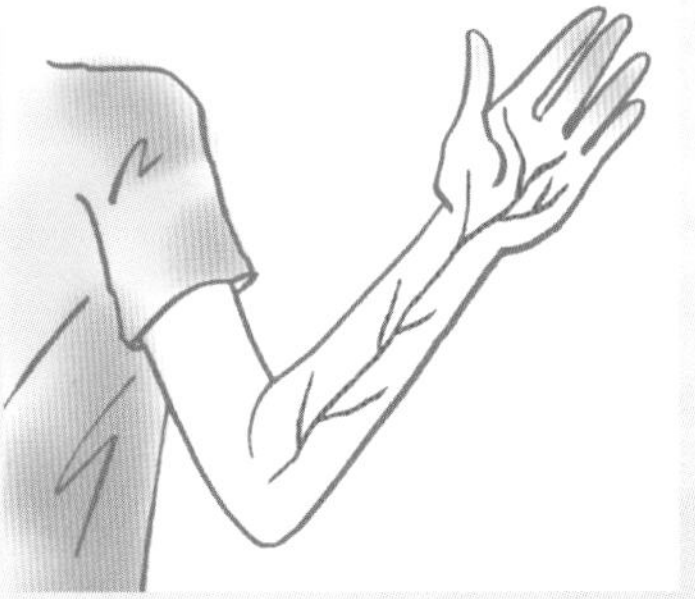

末端まで血液が
届かない

毛細血管の
数が
増えづらい

ベルトを巻いて運動すると

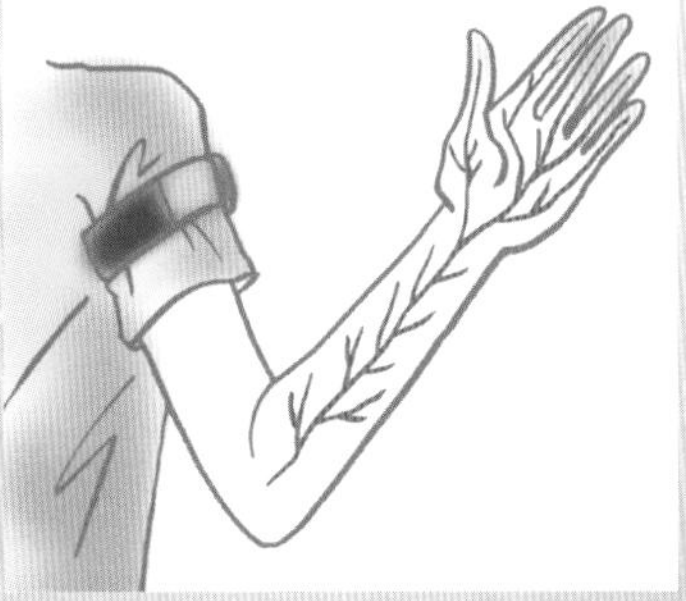

血液が多くたまる

末端まで
血液が
流れていく

毛細血管の
回復で数も
増加する

毛細血管の減少はさまざまな病気の原因になる

私達の身体の働きは毛細血管によって支えられているといっても過言ではありません。そのため、毛細血管が減っていくと健康にもさまざまな悪影響が出てきます。

たとえば末端まで血液が届かない状態が続いていると、心臓はもっと強い力で血液を押し出して全身に届けようとします。その結果血圧が高くなります。

また全身の各組織に充分な酸素や栄養が運ばれなくなるので、疲れやすさ、だるさ、息切れなどの症状が見られるようになります。「年齢とともに疲れやすくなった」「ちょっと階段を上っただけで息が切れる」……。そんな方は毛細血管が減少している可能性があります。

さらに各臓器も酸素と栄養が不足するよう

血管ストレッチ加圧で毛細血管の数が増えると

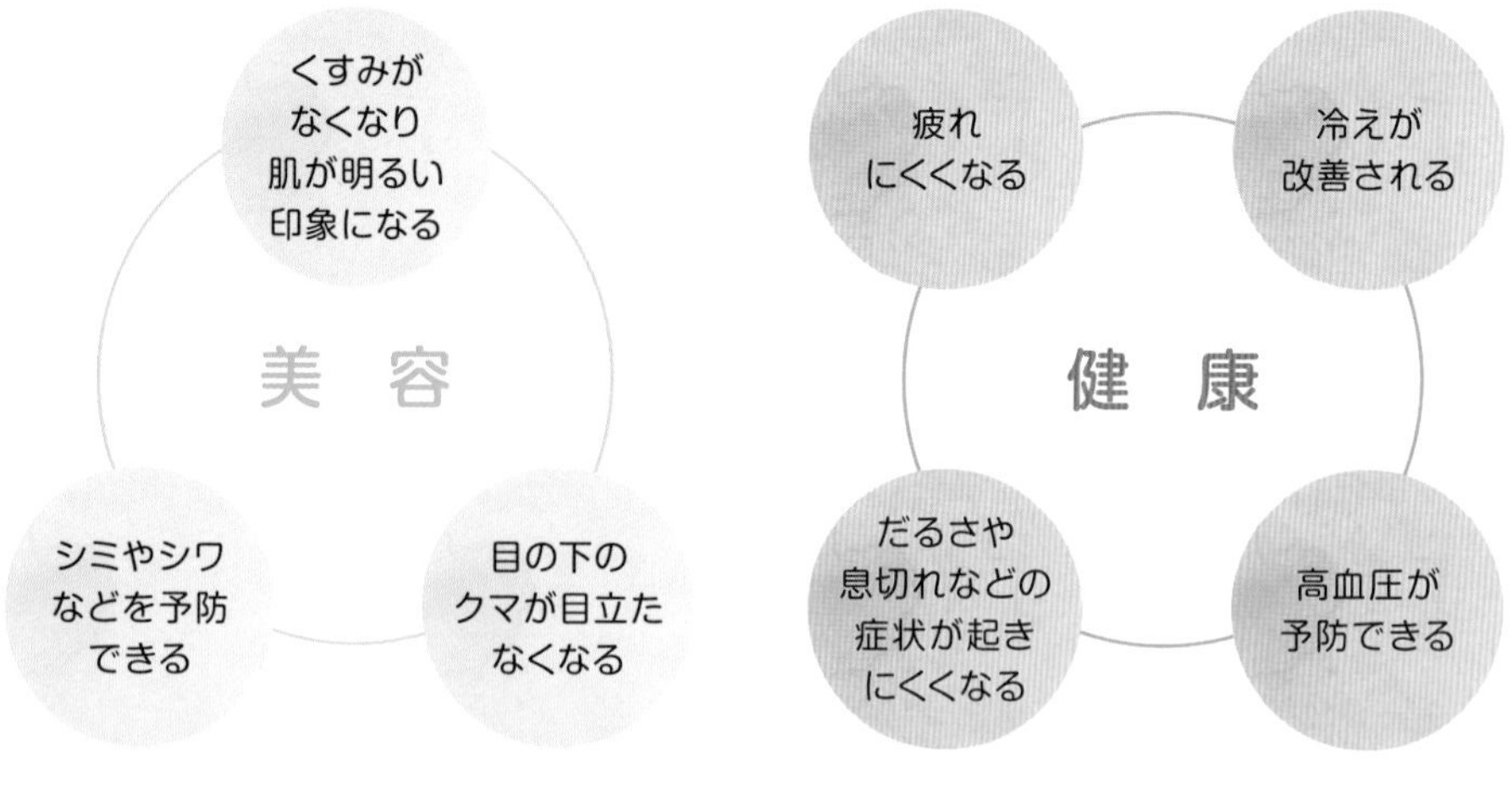
美容
くすみがなくなり肌が明るい印象になる
シミやシワなどを予防できる
目の下のクマが目立たなくなる
健康
疲れにくくなる
冷えが改善される
だるさや息切れなどの症状が起きにくくなる
高血圧が予防できる

になるため、内臓の働きも弱ってきます。内臓の病気の多くは、血流不足が大きく関わっていると言う専門家もいます。脳への血流が不足すると、認知症の原因にもつながります。

血流不足は、健康だけでなく美容にも悪影響を与えます。きちんと手入れをしているつもりなのに肌がくすんで見えたり目の下のクマが目立つようなら、血流が届いていないサインかもしれません。とくに青クマは、血行不良が原因でできると言われています。またシミやシワの原因にも毛細血管の減少が関わっているそうです。

顔色やシミ、シワが気になる人は、血管ストレッチ加圧ベルトを腕に巻いて顔のマッサージや顔ヨガをして毛細血管の量を増やすことをおすすめします。

Maeda's column

赤ちゃんは毛細血管のかたまり

赤ちゃんという呼び方の由来は、肌の色が赤みがかっているからだと言われています。この赤みは、赤ちゃんが毛細血管の塊だからです。

しかし年齢とともに毛細血管の数は減少し、赤みが失われ白くなってしまいます。

年々毛細血管と健康の関係について注目されるようになって、テレビの健康番組では「ゴースト血管」がよく取り上げられています。「ゴースト血管」とは、毛細血管が機能を失った状態のこと。毛細血管が幽霊（ゴースト）のように消えて見えることから、「ゴースト血管」と名付けられました。

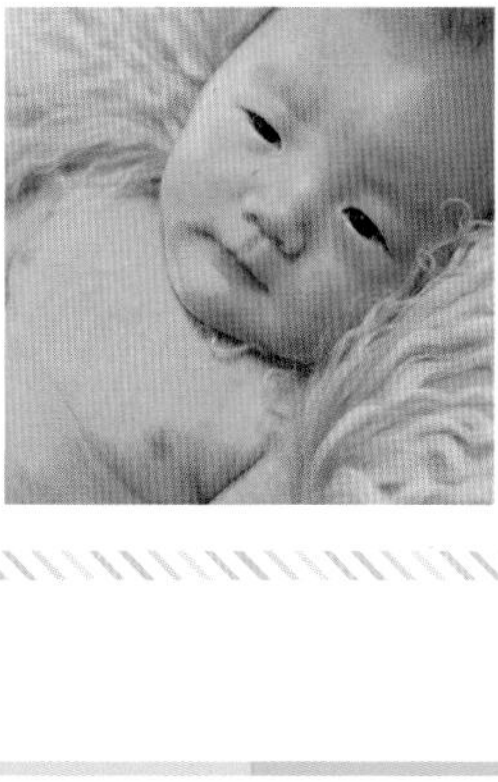

血管ストレッチ加圧なら効率的に筋肉量を増やし筋力をアップできる

血管ストレッチ加圧は、血流を制限して行うことで、ゼロ負荷または軽い負荷でも重い負荷のトレーニングをした場合と同じ、もしくはそれ以上の効果を得られるエクササイズです。そのうえ、1回のエクササイズ時間は10〜15分。なぜそのような効果があるのか、血管ストレッチ加圧でエクササイズを行った時、筋肉の中で起きていることについて簡単に説明しましょう。

2種類の筋肉を同時に鍛えられる

筋肉には「遅筋」と「速筋」の2種類があります。「遅筋」は、酸素を使って活動し、持久力を発揮する赤い色をした筋肉です。鍛えるためには、軽い運動（有酸素運動）を長時間行う必要があります。一方「速筋」は、酸素がなくても糖を燃焼させて活動することができ、瞬発力を生み出すうすいピンク色の筋肉です。「速筋」を鍛えるには重い負荷のトレーニングを行わなければなりません。このように2種類の筋肉は性質が違うため、通常は同時に鍛えることはできません。筋トレのこの問題点を解決したのが、血管ストレッチ加圧です。

エクササイズを始めると、まず「遅筋」が活動を始めます。この時ベルトを巻いて血流を制限しているため、筋肉は酸欠状態になります。すると酸素がなくても動ける「速筋」が活動を開始。つまり比較的短時間の軽い負荷の運動で、「遅筋」と「速筋」を同時に鍛えることができるのです。

血管ストレッチ加圧を始めると

1 遅筋が活動を始める

↓

2 血流を制限しているため遅筋が活動するための酸素が不足する

↓

3 酸素を必要としない速筋が活動を始める

↓

遅筋と速筋が同時に鍛えられるので効率的に筋肉量を増やし筋力をアップすることができる

下半身の筋肉を増やせば膝の痛みも予防できる

いつまでも元気な毎日を過ごしたい。そのために重要なのが筋肉量です。

「足腰を鍛えるためにできるだけ歩くようにしている」という声もよく聞きますが、ウォーキングなどの有酸素運動だけでは不充分。筋トレを加えて行い、筋肉量を増やすことが必要です。

特に中高年になると積極的に筋肉を増やす運動をしなければ、筋肉量は徐々に減少し、やがて全身の機能が低下してしまうことになります。

運動機能の低下を防ぐうえで特に大事なのが、下半身の筋肉です。人間の身体は横隔膜で二分されているため、横隔膜より下が下半身。ですから身体の7割は下半身で、大きな筋肉は下半身にあります。

速　筋（うすいピンク色・瞬発力）

サッカー、野球など瞬間的なパワーが必要な時に使われる

タンパク質をあまり含まず酸素を取り込んでエネルギーとして使わない

スクワットなど筋トレで鍛える

年齢とともに衰えやすい

使わないと細くなる

血管ストレッチ加圧は下半身の筋量と筋力を効果的にアップし血流も増やすので、筋膜が柔らかくなり、腰痛や膝痛予防の効果が期待できます。

Maeda's column

筋肉量を増やせば健康寿命も伸びる

健康寿命とは、介護が必要な状態になることなく自立した生活ができる期間のことです。現在の日本人の場合、平均寿命と健康寿命には、約10年の差があると言われています。

筋肉量を増やすことは非常に重要で、健康寿命にも深く関わっています。長生きするだけでなく、介護が必要な期間はできるだけ短くしたい。いつまでも人生を楽しみたい。そのために重要なのが筋肉量なのです。

遅　筋（赤い色・持久力）

- マラソンなど長時間の運動を行う時に活発に使われる
- タンパク質を豊富に含み、酸素を効率よく取り込んで、エネルギーとして使う
- ウォーキング、サイクリングなどで鍛える
- いくら鍛えても大きくならない
- 使わないと毛細血管が減る

基礎代謝アップ＋脂肪排出太りにくく痩せやすい体をつくる

「年齢とともに太りやすくなった」「そんなに食べていないのに、体重が増える」といった悩みをよく耳にします。これは基礎代謝が下がったことに加え、筋肉の質が変わったことが主な原因です。

筋肉量を増やして基礎代謝をアップ

基礎代謝とは、じっとしていても呼吸や体温調節など生命を維持するために行われている活動に必要なエネルギーのこと。人が1日に消費しているカロリーは、基礎代謝と運動などで消費したカロリーの合計ですが、その7割が基礎代謝です。つまり基礎代謝量が多い人ほど1日あたりのエネルギー消費量も多くなるため、痩せやすく太りにくくなります。

しかし残念ながら基礎代謝は年齢とともに減ってしまいます。ピークは10代で、その後徐々に少なくなるため、若い頃と同じように食べていてはどんどん太りやすくなってしまうというわけなのです。

基礎代謝に影響を与えるのは、年齢だけではありません。基礎代謝の2〜4割は筋肉によるものなので、筋肉量の多い人は基礎代謝が高く、少ない人は基礎代謝が低くなります。ですから体重を減らすためには、まず筋肉量を増やすことが基本です。

血管ストレッチ加圧は効率的に筋肉量を増やすことができるので、続けていくうちに自然に痩せやすくなります。痩せるために極端に食事を減らす方も多いのですが、食事制限だけでのダイエットは、一時的に体重が減っても、筋肉量も減ってしまうのでリバウンドしやすくなります。

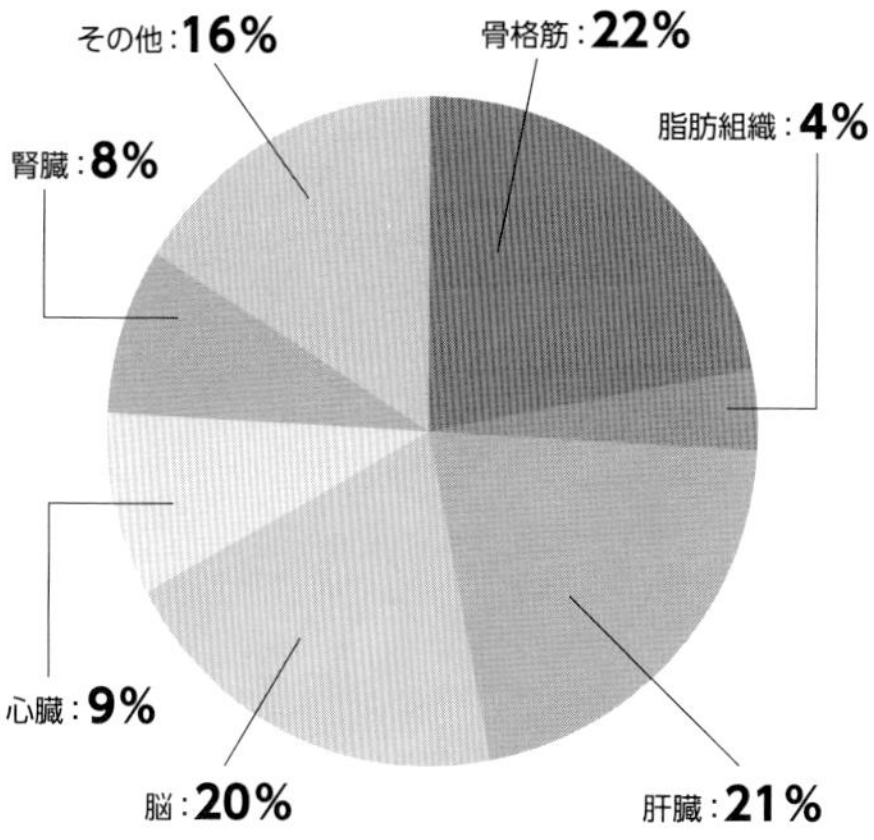

■ヒトの臓器・組織における安静時代謝量

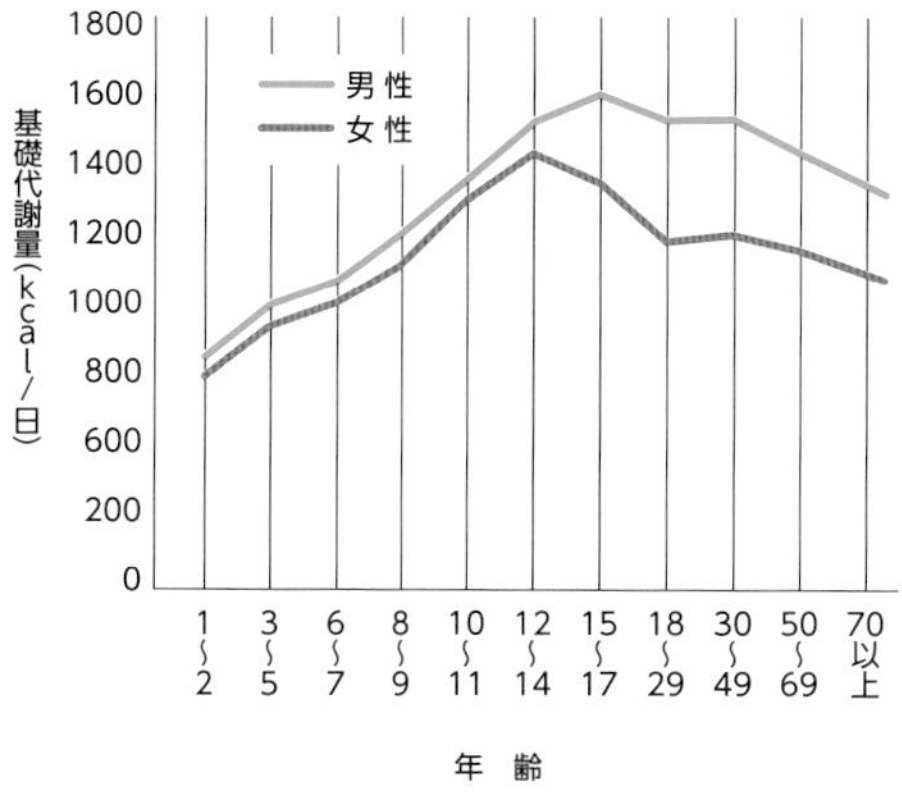

■日本人の基礎代謝基準値

脂肪を排出して引き締まった筋肉を作る

筋肉の量だけでなく質も、加齢とともに変わってきます。若い頃の筋肉は、牛肉に例えれば脂身のないヒレ肉。年を取ると脂肪が加わり霜降り肉に。年齢とともに肌にハリがなくなるのは、脂肪が入った筋肉が伸びてたるんでくるためです。

では血管ストレッチ加圧を行うと、筋肉にはどんな変化が起きるのでしょう。まずベルトを巻いて血流を制限しながら筋トレを行うと、短時間で熱が発生します。するとそこに付随していた脂肪が汗や老廃物として徐々に排出され、柔らかく弾力のある筋肉が戻ってきます。そして筋肉の中の脂肪が排出されると次に皮下脂肪が消費されます。皮下脂肪が燃えるようになるまでは時間がかかり、個人差もありますが、最低一ヶ月程度はエクササイズを続けなければなりません。ですから最

若い頃の筋肉

脂肪がない

中高年の筋肉

脂肪が入ってる

初なかなか効果を感じなくてもそこで止めずに続けましょう。

筋肉は縮めることによって破壊されますが、その後再生されて大きくなります。例えば腹筋のエクササイズでは、腹筋を縮めることによって老廃物を排出しながら再生していくというのが定説です。血管ストレッチ加圧の場合、この時の血流が増加するため、筋肉の再生と老廃物の排出効果がより高まると言われています。

ダイエットや健康のためにできるだけ歩くようにしている人は多いでしょう。しかし、ウォーキングなどの有酸素運動だけでは、脂肪が減少すると同時に筋肉量も落ちてしまうので注意が必要です。ウォーキングの習慣のある人は、血管ストレッチベルトを巻いて歩けば、足の筋肉量を増やしながら脂肪を減らす効果が期待できます。

血管ストレッチ加圧を行うと

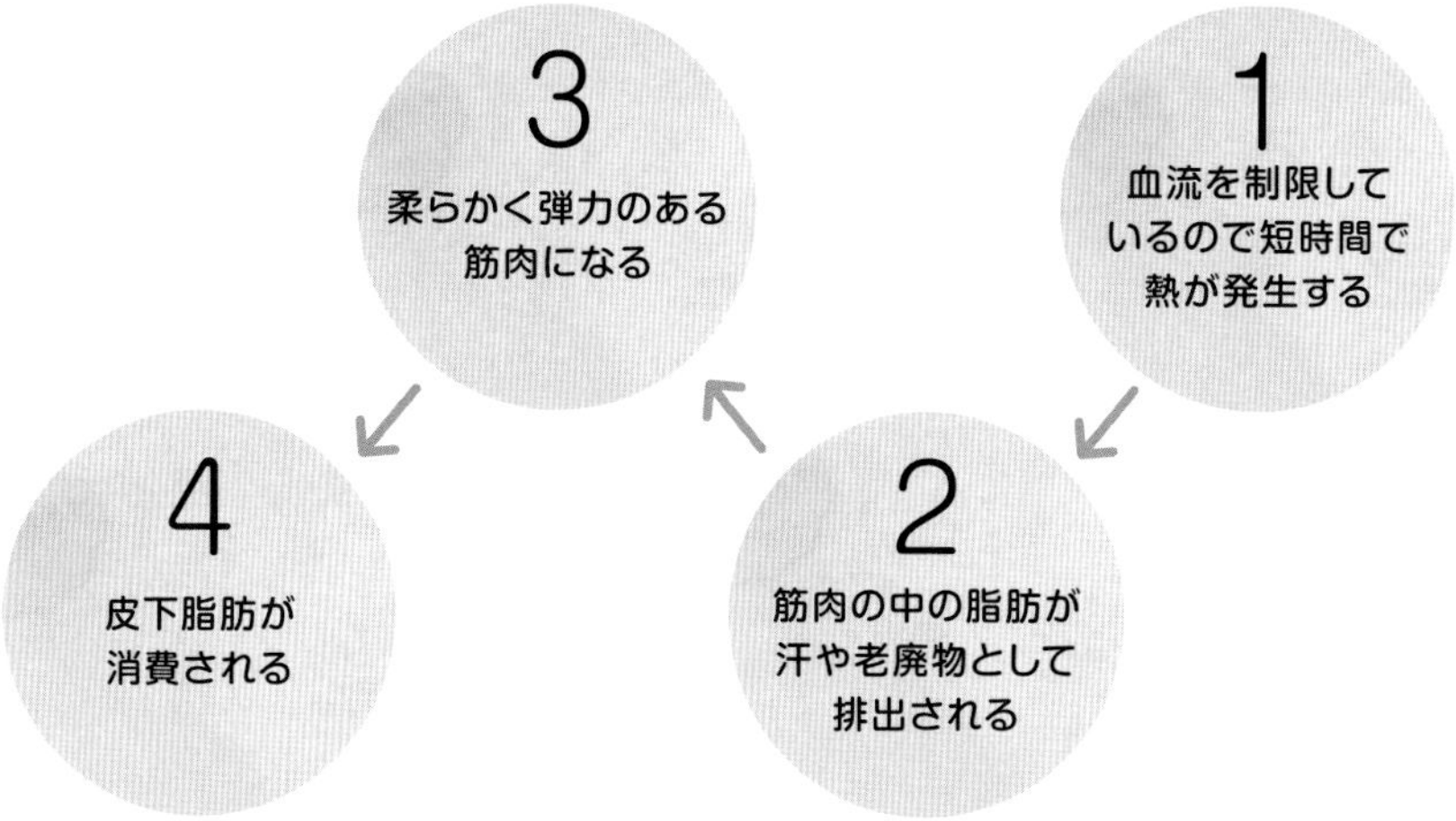
1
血流を制限しているので短時間で熱が発生する
2
筋肉の中の脂肪が汗や老廃物として排出される
3
柔らかく弾力のある筋肉になる
4
皮下脂肪が消費される

血流を改善して、悪い脂肪をよい脂肪に変え、セルライトの予防効果も

「運動して脂肪を減らしたい」と考えている人は、とても多いでしょう。しかし脂肪のすべてが悪いわけではありません。例えばミツバチのお尻には大量の脂分が詰まっていて、長時間飛び回るための燃料となっています。同じように人間にとっても脂肪は活動する上での大切なエネルギー源です。このように脂肪にはよい脂肪と悪い脂肪があります。

温めて血流をよくすれば、よい脂肪に変わる

よい脂肪は、柔らかく温かい脂肪です。逆に悪い脂肪は、硬く冷たいという特徴があります。脂肪が多い場所の代表と言えばお腹です。試しに自分のお腹を触ってみてください。温かく感じれば、よい脂肪のサインですが、冷たければ、悪い脂肪が蓄積しているのかもしれません。この温かさの違いは、そこまで血流が届いているかどうかで生まれると言われています。よい脂肪を持っている人の代表は、お相撲さんです。毎日厳しい稽古をしている力士は筋肉も多く、身体も柔らかいのです。

では悪い脂肪をよい脂肪に変えるためにはどうしたらいいのでしょうか。まず温めることです。お風呂でよく温めると脂肪は柔らかくなります。そして、血流をよくすることです。よい脂肪の場合は、脂肪細胞の間にも血流がよく循環しています。血管ストレッチ加圧でエクササイズを続けると、悪い脂肪にも血液がよく流れるようになるため、よい脂肪へと変わっていくことになります。

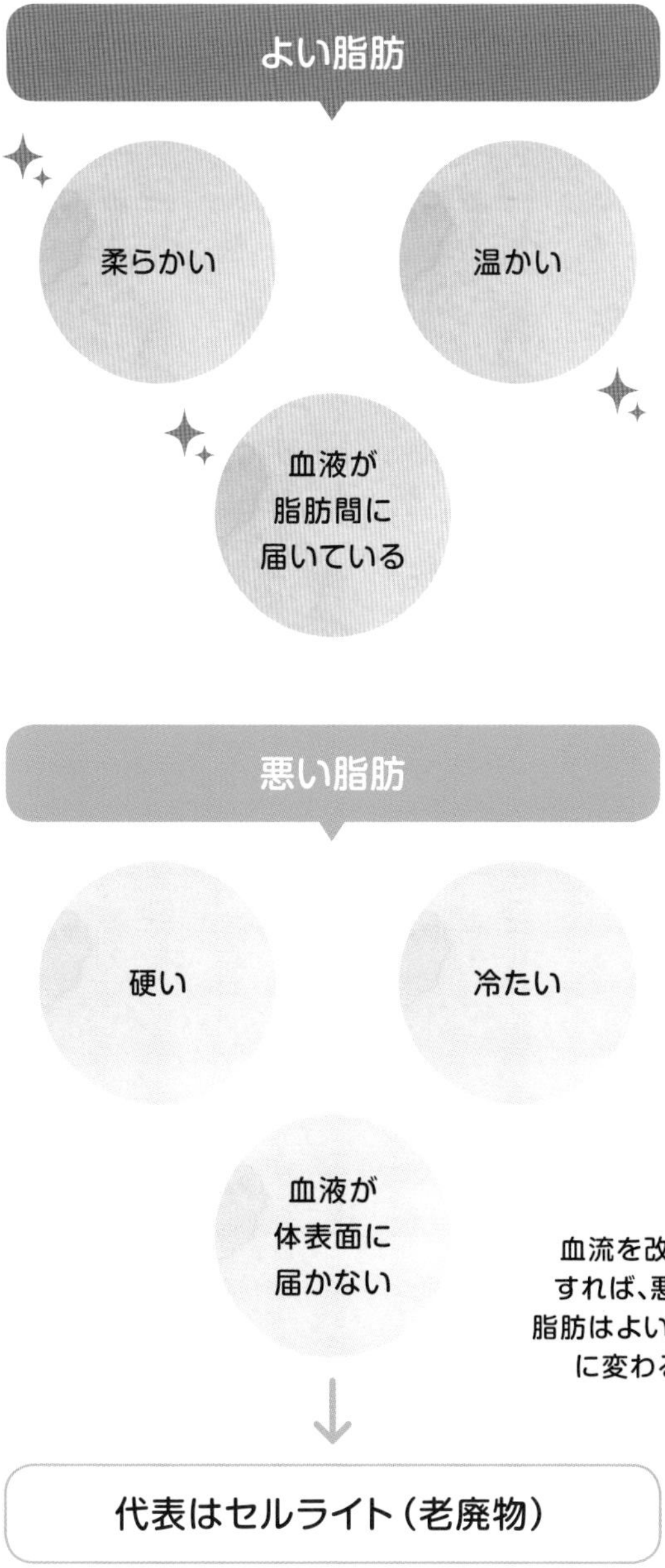
血流を改善すれば、悪い脂肪はよい脂肪に変わる

セルライトの中にまで血液を送り込む

悪い脂肪の代表と言えば、セルライトです。セルライトとは、お腹や太もも、太ももとお尻の境目、二の腕などによく見られる肌表面の凹凸のことです。その様子がオレンジの皮に似ていることから英語では「オレンジピールスキン」と呼ばれます。

セルライトは、脂肪細胞の間に老廃物などがたまることで発生し、2～3年かけて肌表面に凹凸として現れてきます。ですからすでにセルライトが気になる人は年齢とともに体表面に出やすくなる可能性が高く、今はなくてもセルライト予備軍が作られているかもしれません。

セルライトができる原因はいくつかありますが、まず筋肉量の減少です。筋肉量が少なくなれば、太りやすく脂肪がつきやすい身体になるので、セルライトも作られやすくなっ

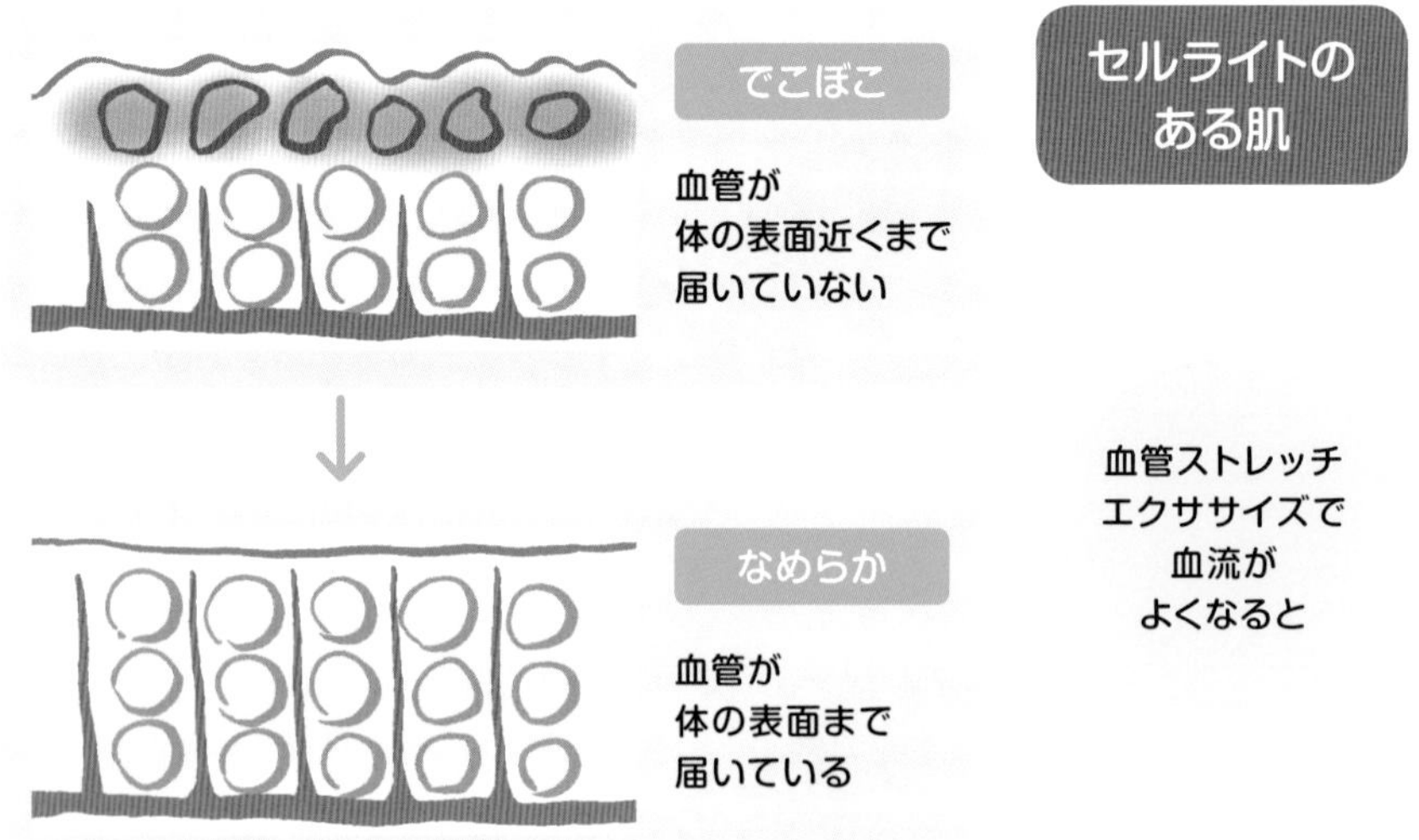
セルライトのある肌
でこぼこ
血管が
体の表面近くまで
届いていない
血管ストレッチ
エクササイズで
血流が
よくなると
なめらか
血管が
体の表面まで
届いている

てしまいます。

また血行不良も、セルライトの大きな原因です。血液がうまく循環していないと、身体が冷えることで老廃物がたまりやすくなり、脂肪細胞と結びついてセルライトができるというわけです。ですから冷え性の人は見た目が痩せていてもセルライトが多いことが少なくありません。体脂肪率も高い、いわゆる隠れ肥満です。隠れ肥満の人は血管年齢も進んでいることが多いと言われています。

血管ストレッチ加圧でエクササイズを行うと、毛細血管が増え、これまで血液が届いていなかったセルライトの部分まで血液が流れるようになります。その結果老廃物が排出されやすくなり、凹凸の目立たないなめらかな肌に変わっていきます。そしてトレーニングを続ければ、脂肪が減り筋肉量が増えるので、新しいセルライトもできにくくなります。

セルライトができやすい人

運動不足の人
代謝が悪く、
老廃物や脂肪が
たまりやすいため

冷え症の人
むくみやすい人
血行が悪く
老廃物が排出され
にくいため

女性ホルモンが
減少する時期の人
産前産後、更年期
などは老廃物が
たまりやすいため

ファーストフード
やスナック菓子を
よく食べる人
油分、糖分、炭水化物などの
摂り過ぎで脂肪が
たまりやすいため

メンテナンスで老化をストップ 身体の内側も外見も若々しく

人間の身体の消費期限は、50歳位だという説があります。これは食品などに賞味期限があるように、人間の身体の運動機能や内臓の機能にも本来と同じ働きが期待できる期限があり、それが50歳頃という意味です。「そういえば50歳頃から健康診断で要経過観察や再検査といった判定が増えた」と思い当たる人も多いのではないでしょうか。特に血圧や脂質、糖代謝、尿酸値などの生活習慣病に関わる検査項目では、50代になると7～8割が異常値を示すと言われています。

昔は平均寿命が50～60代の時代もありました。医学の進歩などでもっと長生きできるようになりましたが、人間の身体の仕組み自体は今も昔も変わりません。健康を守るためには50歳頃になったら、食生活や生活習慣に注意し運動習慣を作るなどのメンテナンスが必要です。

血管の老化を防ぎ筋肉量を増やす

身体の中で年齢とともに特にメンテナンスが必要になる部分は、主に血管と筋肉です。何もしなければ、少しずつ老化が進み、身体のあちこちに不具合が現れやすくなるかもしれません。血管ストレッチ加圧なら血管と筋肉の両方を効率的にケアすることができます。また毎日の習慣としてエクササイズを続けることで、体重だけでなく体型が変わります。

自分でできる手軽なメンテナンスで身体の内側も外見も若々しく変わっていく。それが血管ストレッチ加圧なのです。

魔法の血管ストレッチ加圧の特徴

1. 始めやすく続けやすい
2. 自宅で手軽にできる
3. 1人1人の目的や体力、その日の体調に合わせてできる
4. 血管の老化を防ぐ
5. 効果を感じるのが早い
6. 免疫力がアップする
7. 体重だけでなく、体型が変わる
8. アンチエイジング効果が高い
9. 運動が苦手な人や体力に自信がない女性でもできる
10. 日常生活の中にエクササイズを取り入れられる

Maeda's column

血流を改善する加圧エクササイズで骨の健康を守る

骨がスカスカになる骨粗鬆症は、女性ホルモン「エストロゲン」が減少する更年期以降の女性に多い病気です。「エストロゲン」は骨密度を保ち、カルシウムの吸収を促す活性化ビタミンDの生成もサポートします。ですから「エストロゲン」が減少していると、カルシウムを摂取するだけでは骨の生成には結びつきません。また最近では無理なダイエットやストレスなどが原因となり、若い女性にも骨量が少ない人が増えています。

血管ストレッチ加圧は、血流を改善するため骨の新陳代謝にもよい影響を与えます。

また骨は、負荷がかかるほど新しい骨を作る働きが活発になります。特に縦方向の筋トレを行うと、骨密度の増加が期待できると言われています。

2
血管ストレッチ加圧 Q&A

Blood vessel stretching
Pressurization Q&A

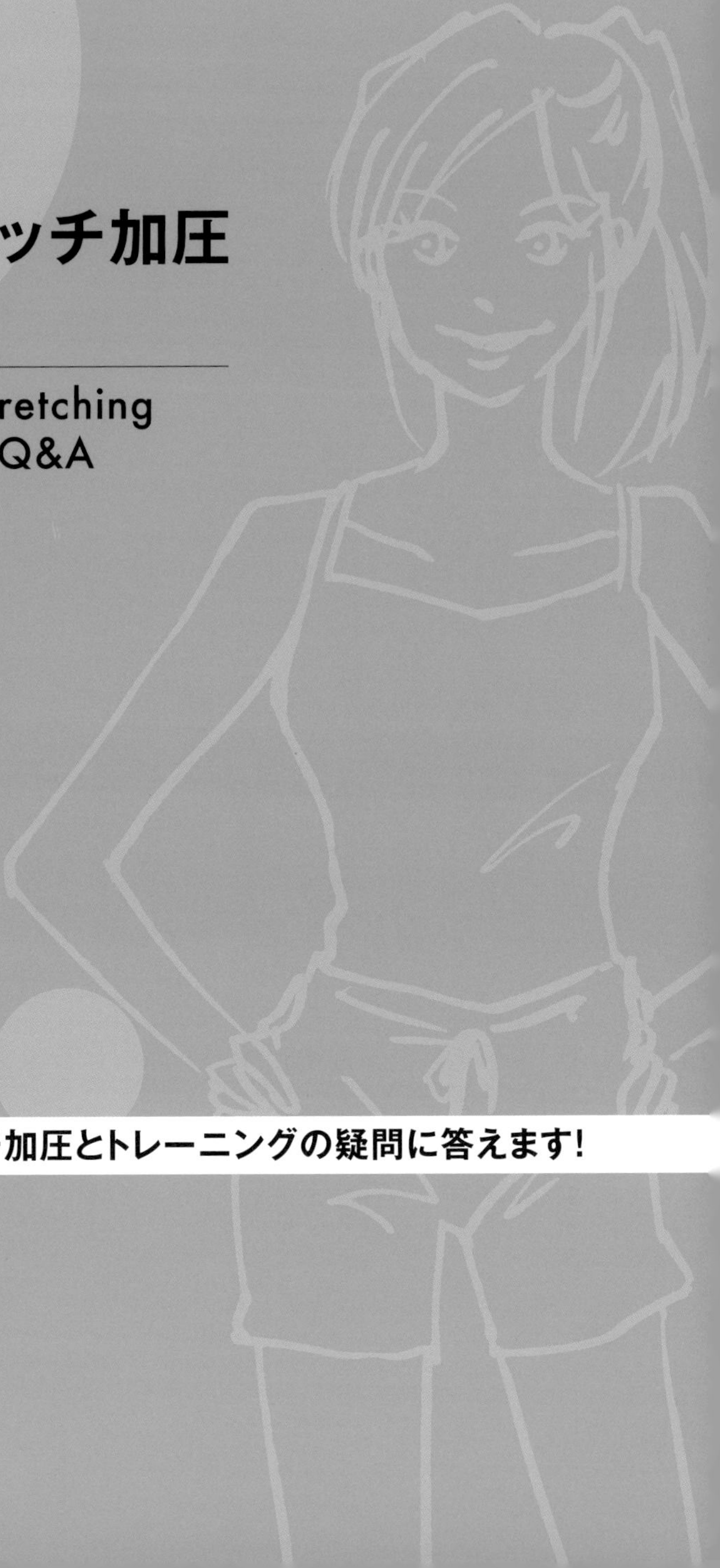

血管ストレッチ加圧とトレーニングの疑問に答えます!

Q血管ストレッチ加圧を行うのに効果的な時間帯は?

A

夕方～夜がおすすめです。

血管ストレッチ加圧は、自宅で好きな時にできる簡単なトレーニングです。続けることが大事なので、一日の中で都合のいい時間を選んで、エクササイズを習慣にするのがいいでしょう。

特におすすめなのは、夕方から夜にかけての時間帯です。ダイエット目的なら、夕食を早めにすませ1～2時間経ってからエクササイズを行うようにしてください。食事を先に済ませるのがポイントです。運動後は消化機能が活発になるため糖分や脂肪分が吸収されやすくなると言われています。また空腹感が増して、ついつい食べ過ぎ、ビールも美味しい…これではすっかりカロリーオーバーになってしまいますので、食前のエクササイズは、できるだけ避けてください。

また寝る前にエクササイズタイムを作る方法もあります。運動後の心地よい疲れでぐっすり深く眠れる上に、トレーニングで大量に分泌された回復ホルモンが睡眠中に働くことで、翌朝の美肌効果も期待できます。

就寝前には104ページのボディコンディショニングもぜひ行ってください。自分の身体をいたわるような気持ちで、一日の疲れやコリをほぐしてあげましょう。

Q血管ストレッチ加圧は、有酸素運動？無酸素運動？

A

両方の長所を合わせ持っています。

有酸素運動とは、軽い負荷で継続して行う運動のことです。酸素を使って筋肉を動かすことから有酸素運動と言われ、ジョギング、ウォーキング、水泳などがこれにあたります。

一方無酸素運動は、大きな力を短時間で発揮する強度の高い運動です。エネルギーの発生に酸素を必要としないことからそう呼ばれ、筋力トレーニングや短距離走などが無酸素運動に含まれます。

血管ストレッチ加圧は、ベルトを巻いて筋トレを行う時は無酸素運動になります。血流を制限しているので、一般的な筋トレのように重い負荷を使う必要はありません。500mlペットボトルや自重で充分な効果が得られ、筋力がアップします。

また血管ストレッチベルトを巻いてウォーキングや散歩をすれば、有酸素運動になります。ベルトをしていない場合より運動の効果が高まるので、同じ時間でより多くの脂肪が燃焼します。

実際私がスタジオで指導する時は、まずベルトを巻いてウォーキングマシンで歩いてもらい、それから筋トレに移ります。有酸素運動と無酸素運動、それぞれの効果を高め、両方の長所を同時に体感できるのが血管ストレッチ加圧です。

Q血管ストレッチ加圧は、何歳までできますか？

A

年齢制限はありません。80代の人もやっています。

血管ストレッチ加圧は、医師から運動を止められている病気がない限り、何歳になってもできるトレーニングです。私もこれまで何人も80代の人を指導した経験がありま す。また私の父は90代まで血管ストレッチ加圧を行っていたため、同年代の人と比べて非常に筋力がありました。

これまで高齢の人が楽しめる運動はあまりありませんでした。球技などは経験がないと難しいですし、どこかに出かけて行うスポーツは億劫になりがちです。

血管ストレッチ加圧は、自宅でいつでもできるので高齢者も始めやすい運動です。年齢とともに筋力が落ち、筋肉量も減少してしまうので、低負荷でできる筋トレは、介護予防にも役立ちます。体調に合わせてエクササイズの回数や頻度を選べるので、今日は疲れ気味なので少なめ、今日は元気なのでいつもより頑張ってみようといった調整もできます。

80代のご両親は足腰の筋力アップに、50代の息子さんはメタボ対策、20代のお孫さんはダイエットにと三世代で血管ストレッチ加圧に取り組んでいるご家庭もあります。年代ごとの目的に合わせてトレーニングできるのも、血管ストレッチ加圧ならではのメリットです。

Qダイエットに成功しても、すぐにリバウンドしてしまいます

A 筋肉量を減らさずに痩せるのが鉄則です。

「ダイエットは食事が8割」と言われます。確かにこれは間違いではないのですが、食事制限だけで痩せた人は、ほとんどの場合リバウンドします。食べたいものを我慢してやっと痩せたのに、いつの間にか元の体重またはそれ以上になってしまったという経験がある人はとても多いのではないでしょうか。

リバウンドの主な原因は、筋肉量の減少です。食事だけのダイエットで脂肪だけを落とすのはほぼ不可能で、例えば10キロ痩せても、内訳は脂肪が5キロ、筋肉が5キロということもあります。筋肉が落ちると基礎代謝も低下。基礎代謝が下がれば消費エネルギーも落ち、結果的には脂肪をためやすい身体になってしまいます。

さらに残念なことに、ダイエットとリバウンドを繰り返す度に、筋肉量は減り、脂肪の割合が増えていくことになります。前回はスムーズに減少できたのに、今回は頑張っているのに痩せないという人は、筋肉量が非常に減少していることが考えられます。

リバウンドしないダイエットのためには、筋肉量を減らさずに痩せることが大切です。そのためには筋トレが必要です。

血管ストレッチ加圧は筋肉を守りながら脂肪を効率的に落とすことができます。個人差はありますが一般の筋トレよりも2倍位のペースでシェイプアップできると言われています。

Qお腹を引っ込めたいのですが、腹筋運動はつらくて苦手です

A

他のエクササイズをやる時もお腹に力を入れましょう。

お腹まわりに効くトレーニングは、腹筋運動だけではありません。お尻や脚、背中など他の部分の筋トレでも、腹筋は必ず使います。正しいフォームを守ろうとすると自然にお腹にも力が入るので、他のエクササイズでも少しずつ腹筋が鍛えられます。

ですから腹筋運動が苦手という人は、他の部位のトレーニングを先に行い、腹筋は最後にできる回数だけ行うという方法でも問題ありません。血管ストレッチ加圧でエクササイズを続けていると一般的な筋トレよりも早くお腹の筋肉が鍛えられてくるので、腹筋運動ができる回数もだんだん増えてくるでしょう。

またスクワットやランジでは、下半身の大きな筋肉を鍛えます。その結果基礎代謝も上がっていくのでお腹まわりも引き締まってきます。

女性は特にお腹まわりなどの部分痩せを希望している場合が多いのですが、人間の身体はすべてつながっていて代謝は全身で同様に行われています。ですから代謝を

アップさせないと、なかなか部分痩せはできません。血管ストレッチ加圧は基礎代謝をアップさせるだけでなく、血流を改善することで脂肪や老廃物の排出も促進。続けることで気になるお腹まわりも徐々に引き締まっていくトレーニングです。

Q体脂肪率が高いです。減らすにはどうしたらいいでしょうか

A

筋トレ＋糖質・脂質を抑えた食事が必須です。

体内に蓄積された脂肪のことを体脂肪といいます。その体脂肪が体重に占める割合を体脂肪率といい、次のような式で計算します。

体脂肪率（％）＝体脂肪量（kg）÷体重（kg）×100

最近は体脂肪率が測定できる体重計が一般的になったので、体重と一緒に体脂肪率をチェックしている人が増えています。

女性の体脂肪率は、23％前後が理想です。これはすべての年代で共通で、年を取ったら体脂肪率が上がっていいということにはなりません。体脂肪率28％以上は肥満と言えるので、できるだけ23％に近づける必要があります。

体脂肪率を少なくするには、筋肉を増やす努力、つまり筋トレをして、食事では脂肪を増やす原因になる糖質や脂質を控えましょう。体脂肪は、内臓のまわりにつく内臓脂肪と皮下組織の下に蓄えられた皮下脂肪の合計なので、内臓脂肪や皮下脂肪の原

因になる糖質・脂質を控える必要があるのです。具体的には炭水化物を控えめにして、油を使った料理をできるだけ避けるようにするのがいいでしょう。外食が多い人は糖質や脂質の摂取量がオーバーしやすいので注意してください。

体脂肪率が減ると見た目が変わります。ただ痩せただけでなくきれいに引き締まった印象になるので、年齢よりも若く見られることが増えるようです。

Q筋トレ中の呼吸のタイミングがわかりません

A
力を入れる時に吐き、抜く時に吸うのが基本です。

一生懸命筋トレをしていて、つい息を止めてしまっている人もよく見かけます。しかし正しい呼吸をした方がトレーニングの効果も高まるので、呼吸のタイミングも少しずつ身につけていきましょう。

筋トレの呼吸は、力を入れて筋肉が縮む時に息を吐き、力を抜いて筋肉が伸びる時に息を吸うのが基本。これは筋肉が伸びる時に酸素が多く取り入れられることで筋肉の再生効果が高まるためと言われています。さらに息を吐くことで自然に腹筋に力が入るので、体幹も鍛えられます。例えば腹筋運動の場合は、上半身を上げる時に腹直筋が縮むので息を吐きましょう。下ろす時は伸びるので息を吸います。またスクワットは、上体を落としてお尻や太ももの表側の筋肉が伸びた時に息を吸い、立ち上がる時に息を吐きます。

しかし呼吸法はなかなか難しいもの。タイミングを考え過ぎて、フォームが崩れてしまうようなら、最初は自然な呼吸で行っても問題ありません。エクササイズに慣れてくると呼吸のタイミングもつかめるようになるので、まずは正しいフォームで筋肉を鍛えることを最優先にしてください。

Q筋トレをするとムキムキになりそうで心配です

ボディビルダーのようなムキムキの筋肉を作るには、厳しいトレーニングと専用の食事が必要です。また筋肉の発達には男性ホルモンが関係しているので、女性はマッチョな身体にはなりにくいのです。

血管ストレッチ加圧で目指すのは、しなやかな筋肉がついたメリハリボディです。くびれたウエストやたるみのない腕、きゅっと上がったヒップや引き締まった脚…そんな女性らしいボディを作ります。

仕事柄体型をキープしなければならない多くのモデルやタレント、女優さん達も血流を制限した筋トレを行っていると言われています。

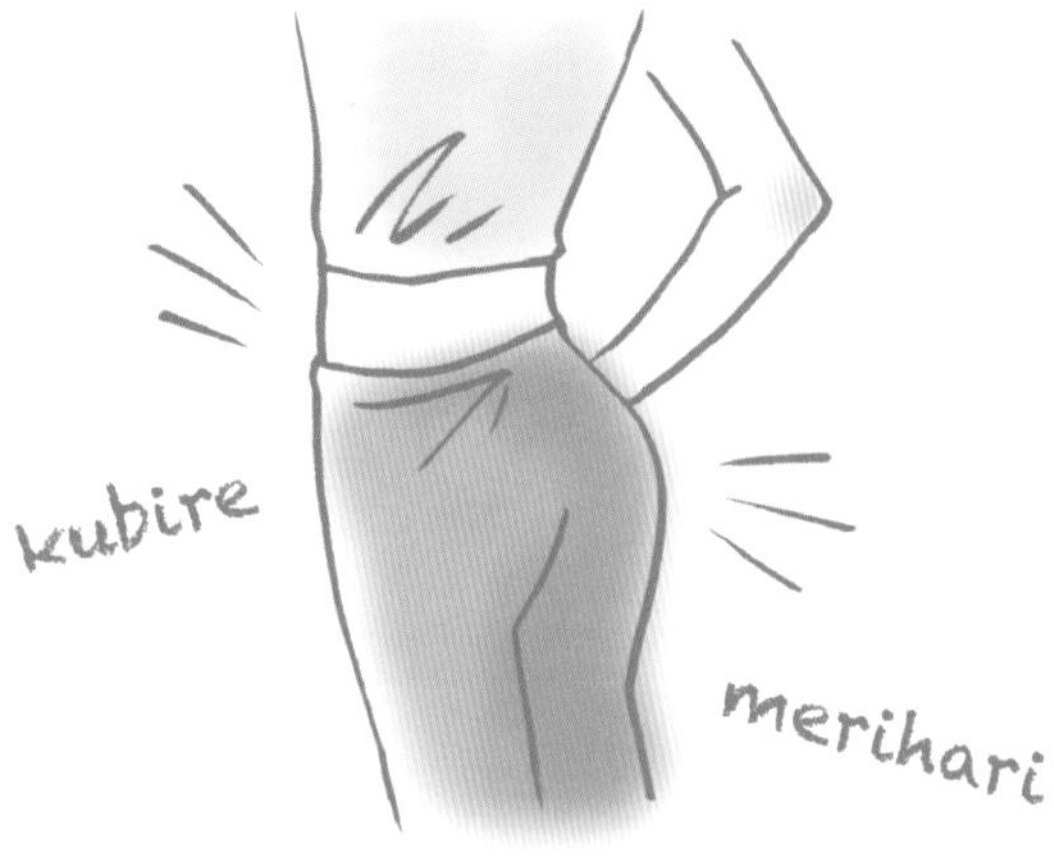

A

しなやかな筋肉がついたメリハリボディを作ります。

Q 血管ストレッチ加圧は長い時間やるほど効果がありますか？

血管ストレッチ加圧は血流を制限して行うことで、通常のトレーニングの何倍もの効果が期待できるため、短時間で筋肉が充分に鍛えられます。決められた時間を守らないと身体に負担となることもあります。エクササイズは1回15分のルールを必ず守ってください。ベルトを巻いてウォーキングをする場合は30分以内が目安です。また腕と脚のベルトを同時に巻いてエクササイズを行うことも避けてください。上半身のエクササイズの時は腕にベルト、下半身の時は脚にベルトを巻きます。巻き方の強さも必ず確かめるようにしましょう（69ページ参照）

A

1回のトレーニングは15分がルールです。

Q 筋力が弱くても、血管ストレッチ加圧はできますか？

筋トレというと、重いウエイトやバーベルを上げるハードなトレーニングをイメージするかもしれませんが、血管ストレッチ加圧は全く違います。専用のベルトを巻いて簡単なエクササイズをするだけ。血流を制限して行うため低負荷でも高い効果が期待できます。最初は筋力に自信がないと言っていた人も、続けるうちにだんだんと筋力がついていったというケースが大多数です。誰でも無理なく続けることができます。

第3章で具体的なエクササイズを紹介していますが、最初は目標回数に達しなくても問題はありません。正しいフォームを意識して続けましょう。

A

最初は少ない回数からでもOK。

3

血管ストレッチ加圧
実践編

Blood vessel stretching
Pressurization practice

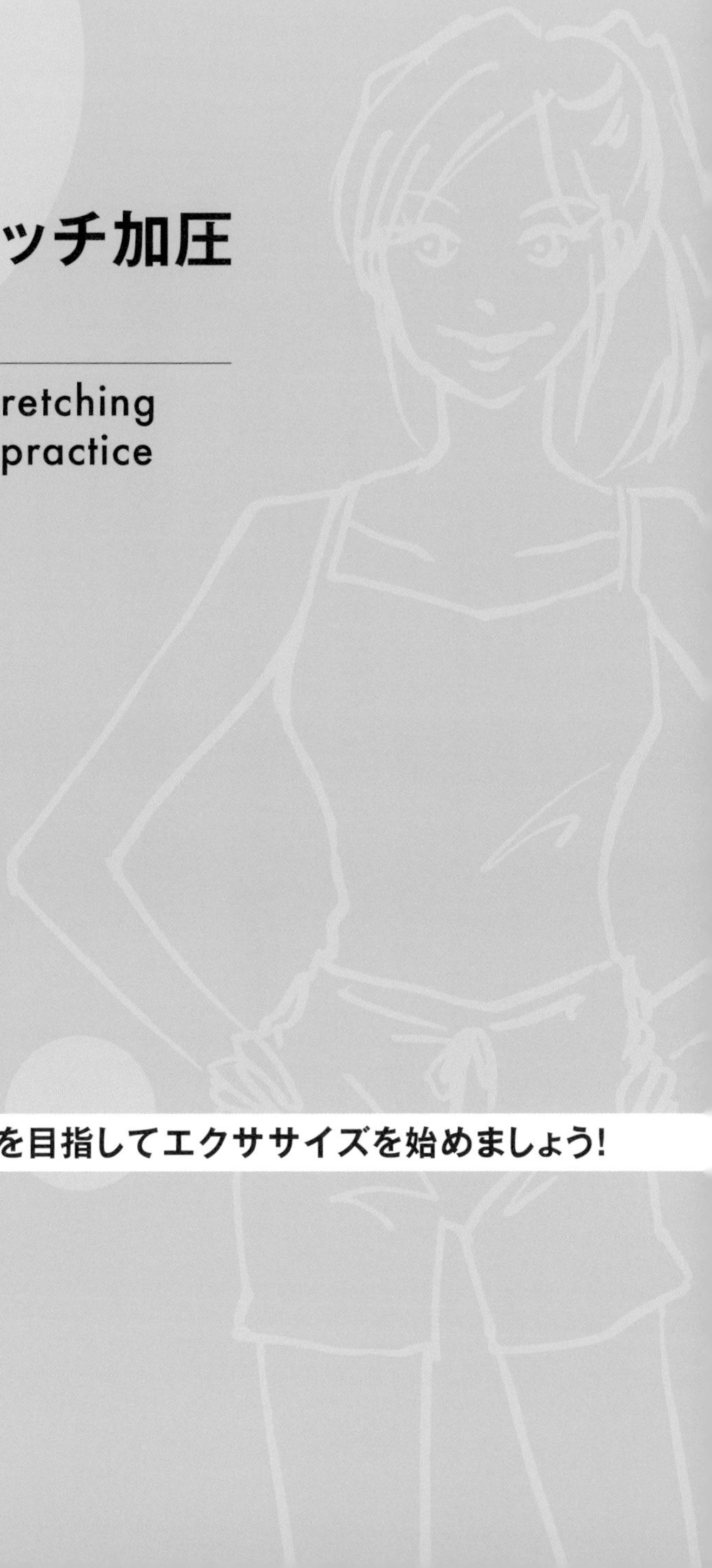

なりたいボディを目指してエクササイズを始めましょう!

1日15分！　身体が変わる
血管ストレッチ加圧　4週間プログラム

血管ストレッチ加圧は、1日たった15分のエクササイズ。【基本セット】と【目的別メニュー】を組み合わせて、まず4週間続けてみましょう。身体が変わります。

【基本セット4種目は毎日】

バストアップ・プッシュアップ・スクワット・ランジは毎日続けましょう。

【目的別メニューは5種類から1つ】

シェイプアップ2タイプ・肩こり改善・腰痛改善・膝痛改善・姿勢改善の中から、目的に合わせたエクササイズを1つ選んで行いましょう。

【エクササイズは上半身から下半身の順で】

基本セットは、上半身エクササイズが2種目、下半身が2種目です。腕にベルトを巻いて基本セットと目的別の上半身エクササイズを行い、次に腕のベルトを外し、脚にベルトを巻いて基本セットと目的別の下半身エクササイズを行ってください（左図③参照）。

62〜63ページの4週間カレンダーでチェックしながら続けましょう。

1

エクササイズは毎日15分、ウォーキングは週2回30分ずつ

月	火	水	木	金	土	日
エクササイズ	エクササイズ	ウォーキング	エクササイズ	エクササイズ	エクササイズ	ウォーキング

2

エクササイズは基本+目的別で15分

基本セット ＋ 目的別メニュー（どれか1つ）

- A-1　上半身シェイプアップ（4種類）
- A-2　下半身シェイプアップ（4種類）
- B 肩こり改善
- C 腰痛改善
- D 膝痛改善
- E 姿勢改善

3

エクササイズの順序

腕にベルトを巻く ▶ 腕のプレトレーニング ▶ 基本セットの上半身2種目 ▶ 目的別メニューの上半身種目 ▶ 腕のベルトを外して、脚にベルトを巻く ▶ 脚のプレトレーニング ▶ 基本セットの下半身2種目 ▶ 目的別メニューの下半身種目

4

次のページのカレンダーにチェックしながら続けましょう

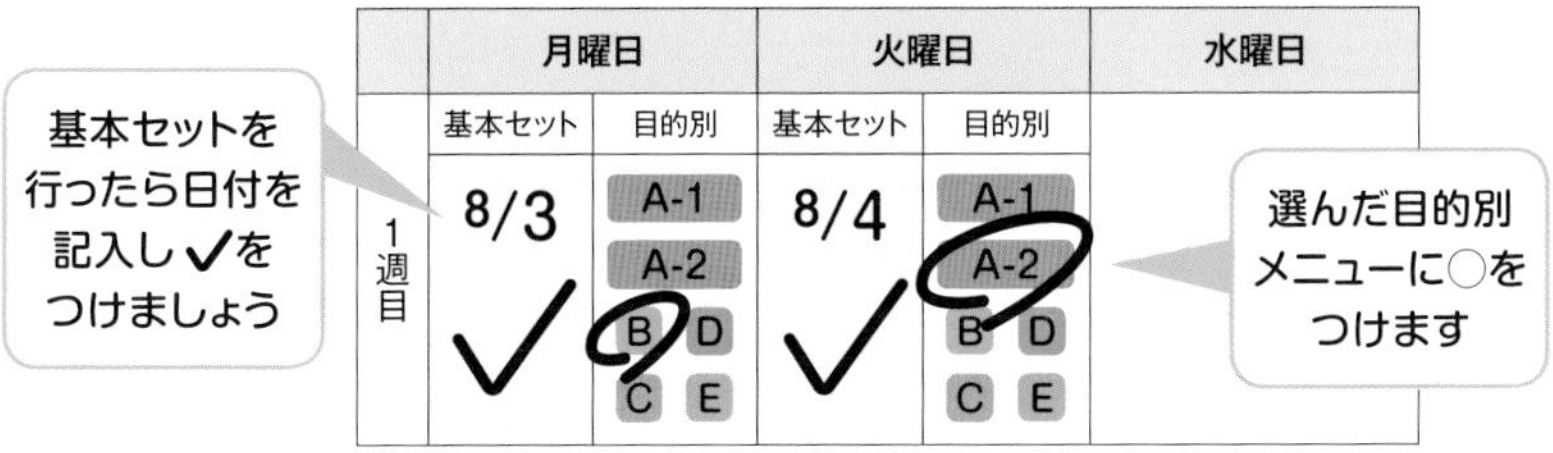

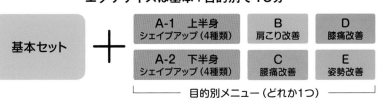

基本セットを行ったら日付を記入し✓をつけましょう

木曜日		金曜日		土曜日		日曜日	
基本セット	目的別	基本セット	目的別	基本セット	目的別	ウォーキング	1週目
	A-1 A-2 B D C E		A-1 A-2 B D C E		A-1 A-2 B D C E		
基本セット	目的別	基本セット	目的別	基本セット	目的別	ウォーキング	2週目
	A-1 A-2 B D C E		A-1 A-2 B D C E		A-1 A-2 B D C E		
基本セット	目的別	基本セット	目的別	基本セット	目的別	ウォーキング	3週目
	A-1 A-2 B D C E		A-1 A-2 B D C E		A-1 A-2 B D C E		
基本セット	目的別	基本セット	目的別	基本セット	目的別	ウォーキング	4週目
	A-1 A-2 B D C E		A-1 A-2 B D C E		A-1 A-2 B D C E		

エクササイズの目安

- ●ベルトを中圧で巻いて（P.69）15分まで
- ●エクササイズは1種目10～30回、プランクは30秒1セット
- ●週に2回、ウォーキングを。ベルトを脚に弱圧で巻いて（P.69）30分以内。慣れたら中圧に変更

※このページはコピーして繰り返しお使いください。

血管ストレッチ加圧　4週間カレンダー

基本セット

＋

目的別メニュー

- A-1 上半身シェイプアップ（4種類）
- A-2 下半身シェイプアップ（4種類）
- B 肩こり改善
- C 腰痛改善
- D 膝痛改善
- E 姿勢改善

	月曜日		火曜日		水曜日
	基本セット	目的別	基本セット	目的別	
1週目		A-1 A-2 B D C E		A-1 A-2 B D C E	ウォーキング
	基本セット	目的別	基本セット	目的別	
2週目		A-1 A-2 B D C E		A-1 A-2 B D C E	ウォーキング
	基本セット	目的別	基本セット	目的別	
3週目		A-1 A-2 B D C E		A-1 A-2 B D C E	ウォーキング
	基本セット	目的別	基本セット	目的別	
4週目		A-1 A-2 B D C E		A-1 A-2 B D C E	ウォーキング

基本　バストアップ（P.74～75）プッシュアップ（P.79）スクワット（P.95）ランジ（P.94）

A-1　二の腕ひきしめ1・2（P.80～81）クランチ（P.86～87）ウエストひねり（P.88～89）

A-2　ニー・トゥ・チェスト（P.90～91）バックキック（P.96）ヒップリフト（P.97）プランクひねり（P.101）

B　ショルダープレス（P.78）きれいな背中を作るエクササイズ（P.76～77）プランク（P.100）

C　ヒップリフト（P.97）腰を保護したクランチ（P.87）脚上げ（P.92）

D　カーフレイズ（P.85）膝伸ばし（P.93）ヒップリフト（P.97）

E　きれいな背中を作るエクササイズ（P.76～77）プランク（P.100）手足伸ばし（P.102）

エクササイズの準備

1 動きやすい服装で行います

ベルトは素肌に直接つけるのではなく、服の上からつけます。ベルトが巻きやすい薄手のものがいいでしょう。

2 血管ストレッチ加圧ベルトをつけます

上半身は腕のつけ根に、下半身は脚のつけ根にベルトを巻きます。

➔ベルトのつけ方は P.68 で確認してください。

3 ベルトの締め方の強さを確かめる

エクササイズは、適正な締め方で行うことが重要です。

➔締め方の強さは P.69 で確認してください。

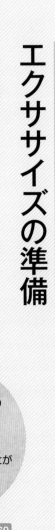

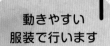

エクササイズを行うには専用のベルトが必要です。
BVDベルトは、血流を適度に制限して加圧し、
トレーニングの効果を高めます。

エクササイズの注意点

- ベルトは決められた場所（腕用は腕のつけ根、脚用は脚のつけ根）以外にはつけないでください。
- 腕用と脚用のベルトを同時につけてエクササイズを行わないでください。
- ベルトをつけて行うエクササイズは、1回15分以内としてください。
- ベルトをつけたまま眠らないでください。
- エクササイズ中は、充分な水分補給をしてください。
- 食後1～2時間はエクササイズを行わないでください。
- エクササイズ後30分以内は食事をしないでください。

血管ストレッチエクササイズで

全身の筋肉を鍛えて、ボディメイク

front

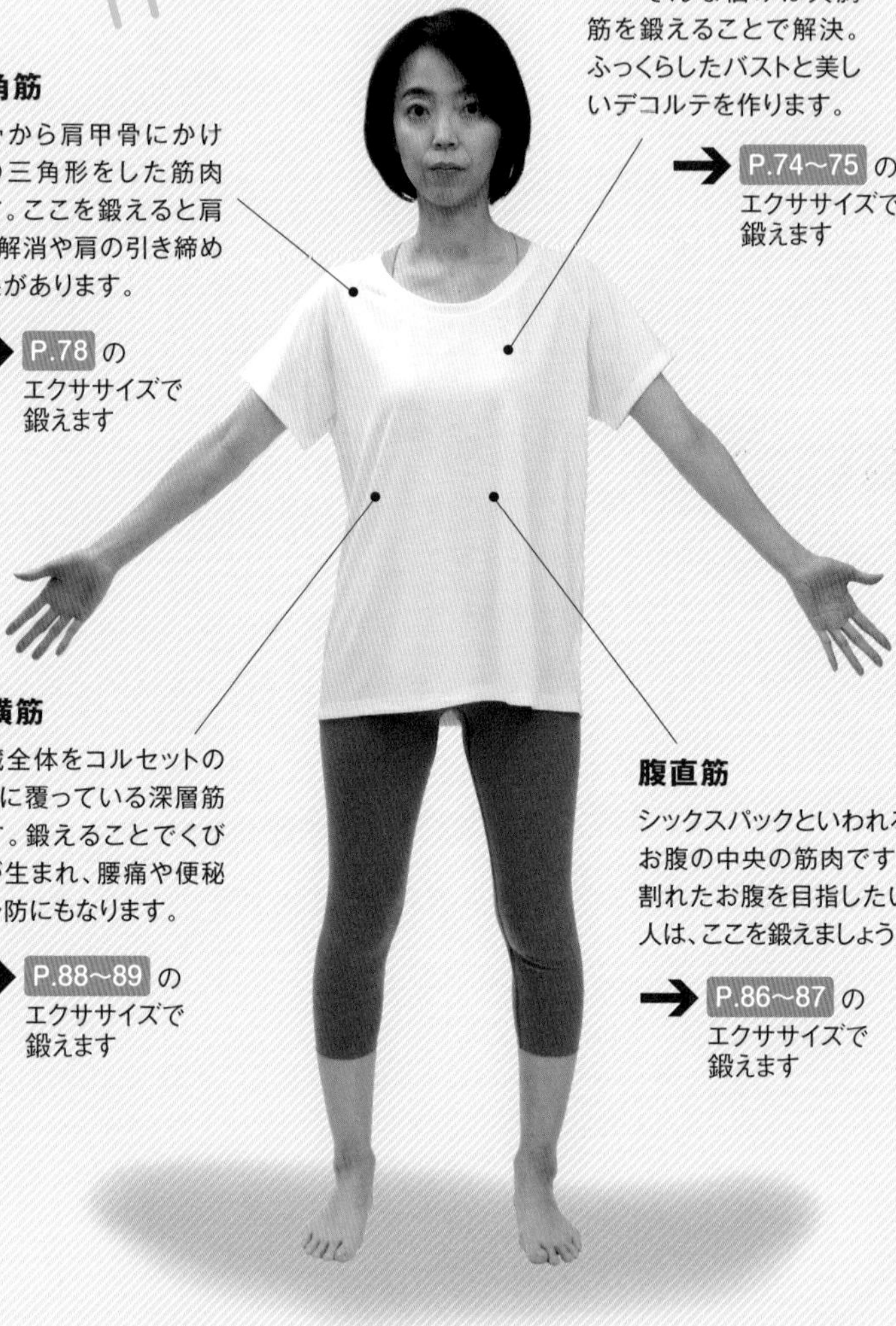

三角筋

鎖骨から肩甲骨にかけての三角形をした筋肉です。ここを鍛えると肩こり解消や肩の引き締め効果があります。

→ P.78 のエクササイズで鍛えます

大胸筋

胸が垂れ気味、胸がない……そんな悩みは大胸筋を鍛えることで解決。ふっくらしたバストと美しいデコルテを作ります。

→ P.74〜75 のエクササイズで鍛えます

腹横筋

内臓全体をコルセットのように覆っている深層筋です。鍛えることでくびれが生まれ、腰痛や便秘の予防にもなります。

→ P.88〜89 のエクササイズで鍛えます

腹直筋

シックスパックといわれるお腹の中央の筋肉です。割れたお腹を目指したい人は、ここを鍛えましょう。

→ P.86〜87 のエクササイズで鍛えます

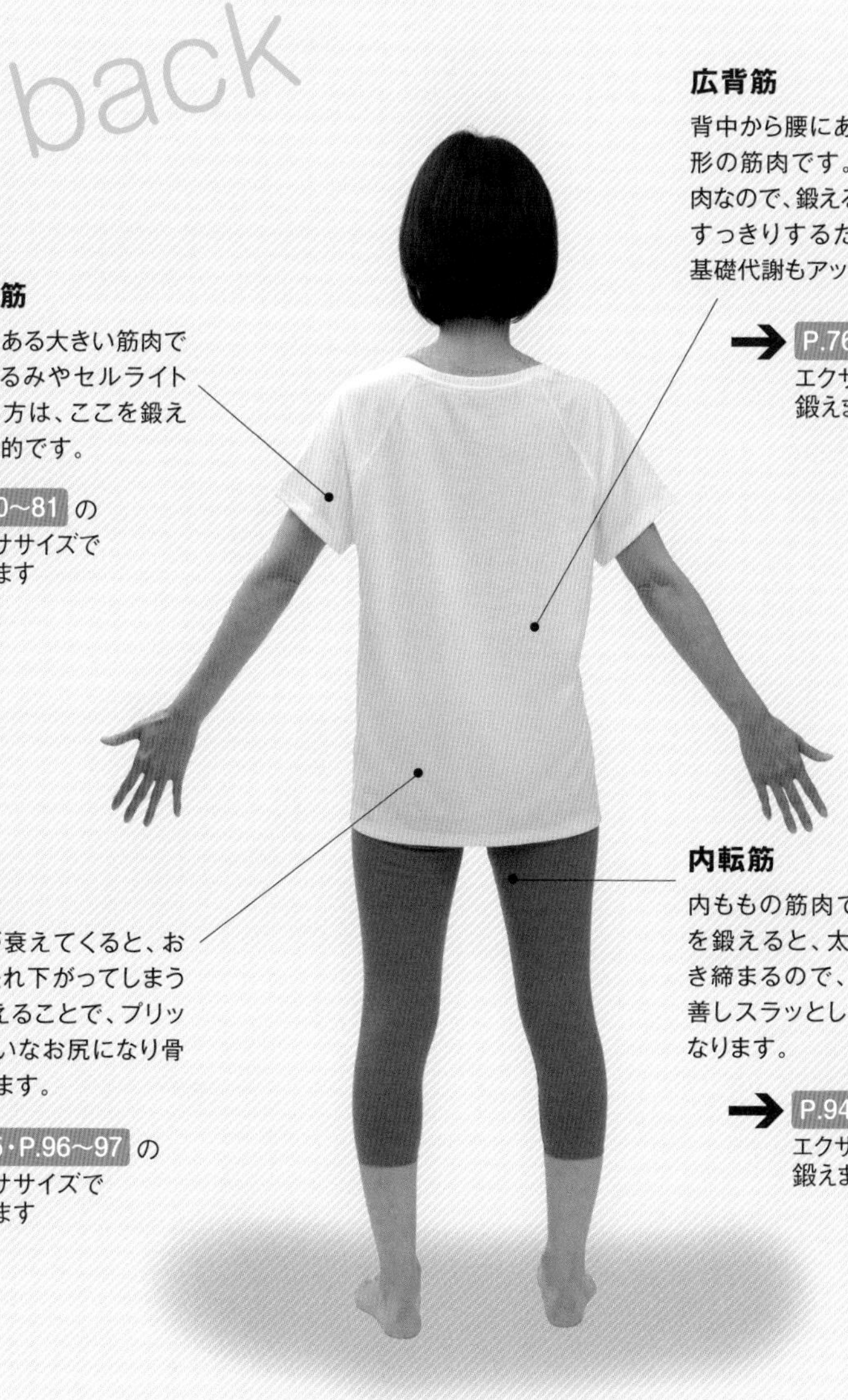

広背筋

背中から腰にある逆三角形の筋肉です。大きな筋肉なので、鍛えると背中がすっきりするだけでなく基礎代謝もアップします。

➔ P.76〜77 のエクササイズで鍛えます

上腕三頭筋

腕の裏側にある大きい筋肉です。腕のたるみやセルライトが気になる方は、ここを鍛えるのが効果的です。

➔ P.80〜81 のエクササイズで鍛えます

内転筋

内ももの筋肉です。ここを鍛えると、太ももが引き締まるので、O脚が改善しスラッとした美脚になります。

➔ P.94〜95 のエクササイズで鍛えます

大殿筋

この筋肉が衰えてくると、お尻全体が垂れ下がってしまうことに。鍛えることで、プリッとしたきれいなお尻になり骨盤も安定します。

➔ P.95・P.96〜97 のエクササイズで鍛えます

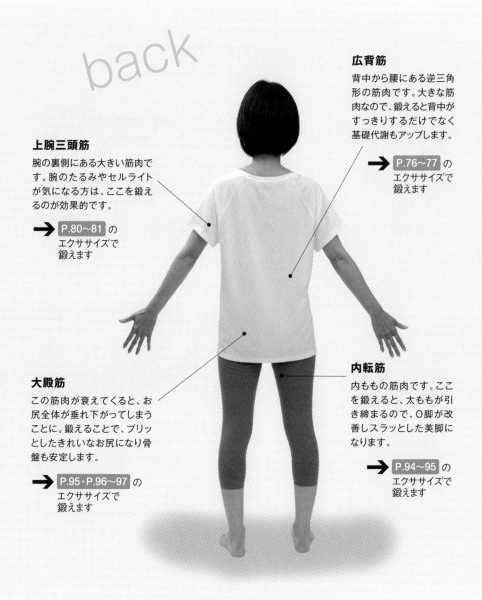

血管ストレッチエクササイズ

ベルトのつけ方と圧力の確かめ方

上半身のエクササイズをする時は腕のつけ根に、下半身のエクササイズの時は脚のつけ根に、専用のストレッチエクササイズベルトをつけて加圧します。ベルトをつけた後、巻き方の強さが適正かどうか、手や脚の色や指で押した時の変化で確認してください。

脚のベルトのつけ方

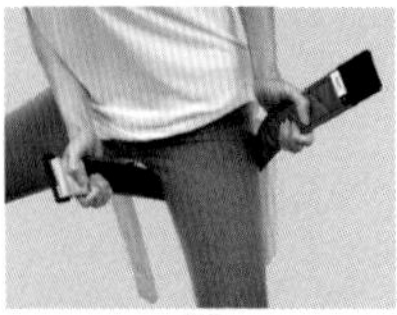

椅子に座って、脚のつけ根にベルトを合わせます。

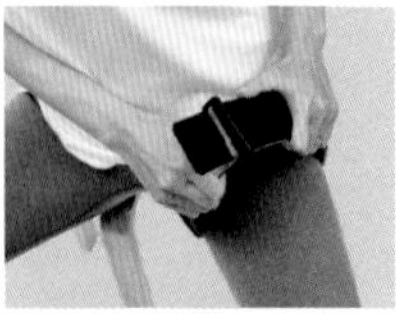

ベルトをベルト通しに通します。

両手でベルトを持ち、数回引っ張ります。

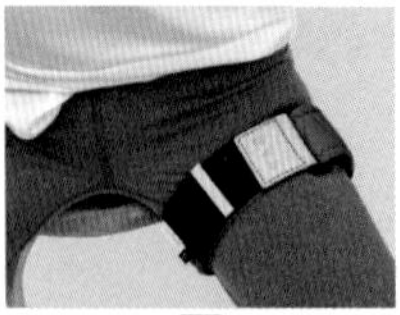

締まり具合を確認して、マジックテープをとめます。

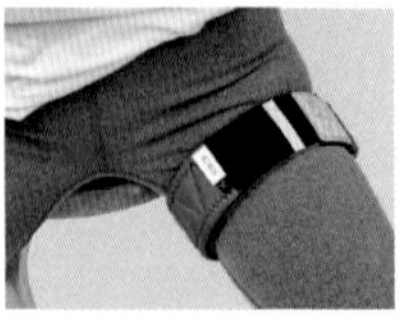

バックルが外側になるように調節します。反対側の脚も同様にベルトをつけます。

腕のベルトのつけ方

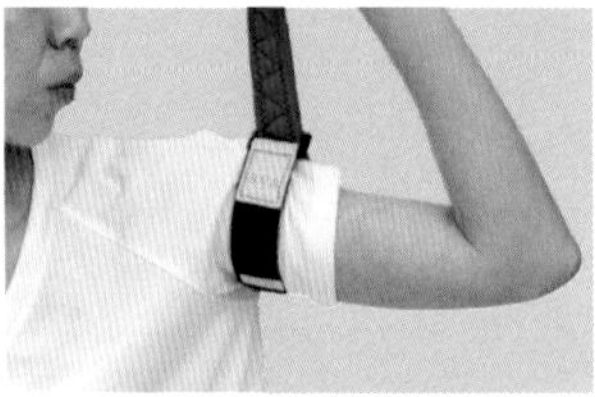

ベルトに腕を入れて、腕のつけ根まで持っていきます。

反対側の手でベルトを引っ張り、締まり具合を調節します。

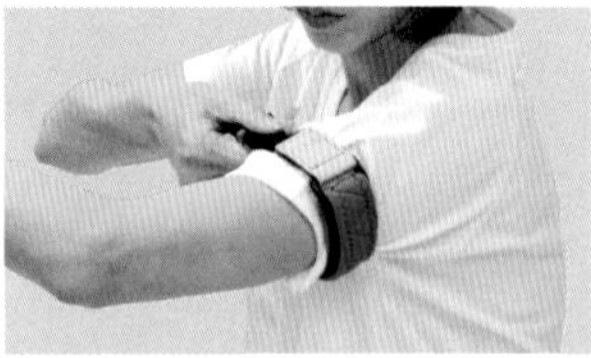

バックルが腕の外側にくるようにして、マジックテープをとめます。反対側の腕も同様にベルトをつけます。

\ ベルトの締め方の強さを必ずチェックしましょう /

ベルトの締め方が強すぎると、身体に負担となることがあります。また弱すぎる場合は、エクササイズの効果が充分に得られません。エクササイズを始める前に適正な圧になっていることを必ず確認しましょう。

色を確認

腕にベルトをつけた後、手のひらの色をチェックします。
※腕はしびれを感じやすいです。しびれがひどい場合はゆるめてください。

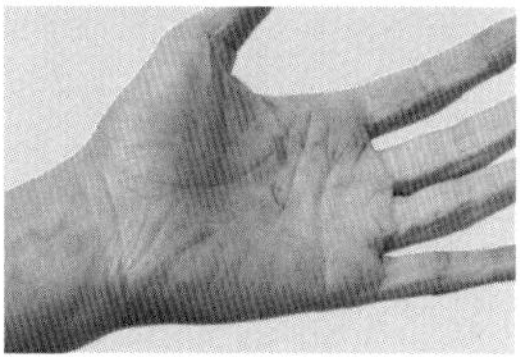

薄いピンク~ピンク　○

弱圧です。初めて血管ストレッチ加圧をする方は、薄いピンクからピンクになるようにベルトを巻いてください。

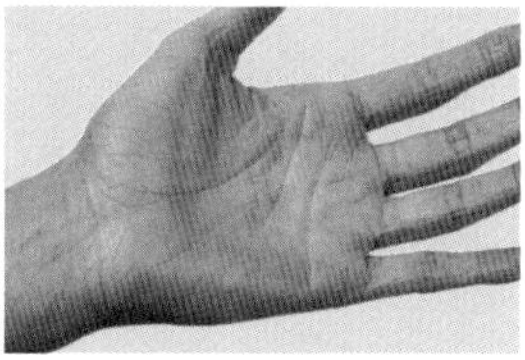

濃いピンク　○

中圧です。エクササイズに慣れてきた人や、今日は体調がいいのでいつもより頑張りたいという人は、濃いピンクになる巻き方がおすすめです。

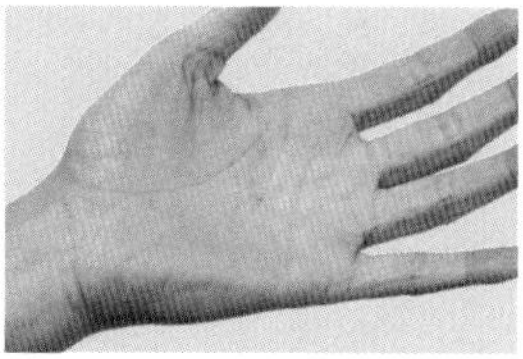

紫~蒼白　×

強圧です。ベルトの巻き方が強すぎ、止血に近い状態です。すぐにベルトをゆるめてください。

指で押して確認

腕にベルトをした時は手のひらを、脚にベルトをした時はくるぶしの内側を指で押します。指を離すと最初は白いままですが、2~3秒で血色が戻ってくれば、ベルトの締め方は適正です。

手

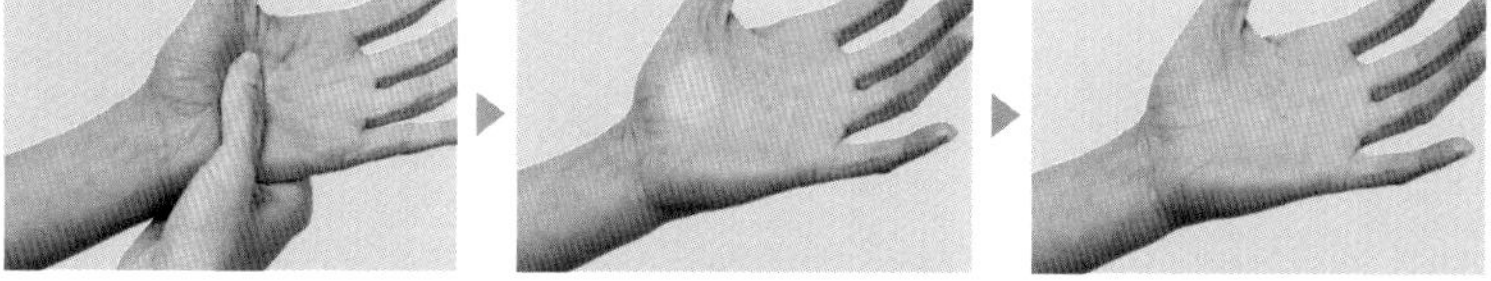

足

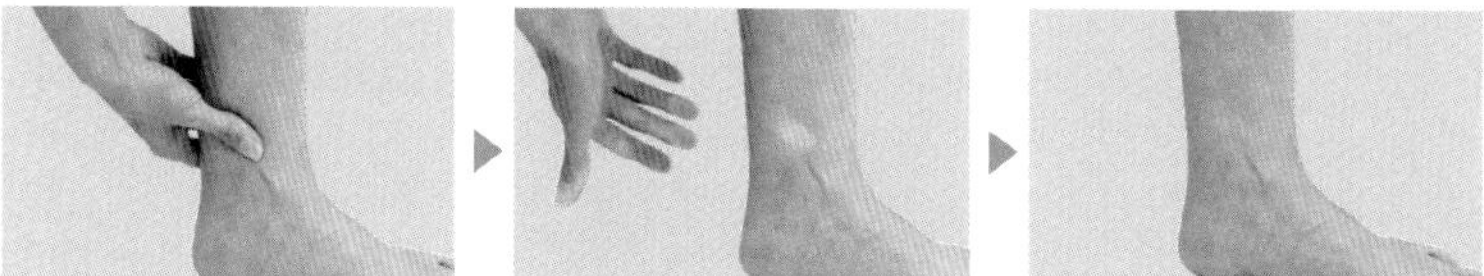

上半身の エクササイズ

同じ年齢でも若々しく見える人と、なんとなく老けた印象の人がいます。その違いは、実は上半身にあります。上半身にきれいな筋肉がついていれば、姿勢もよくなり、背中もすっきり。美しいデコルテや引き締まった二の腕なら、ファッションも楽しめます。逆に上半身の筋肉が弱っていると、背中が丸まってどんどん体型が崩れてしまいます。

上半身のエクササイズを行う時は、腕のつけ根にベルトを巻いてください。血流を制限しているため、短時間で効率的に上半身の筋肉を鍛えることができます。

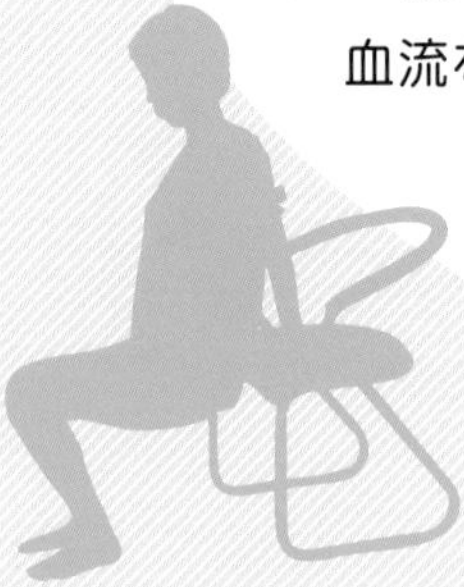

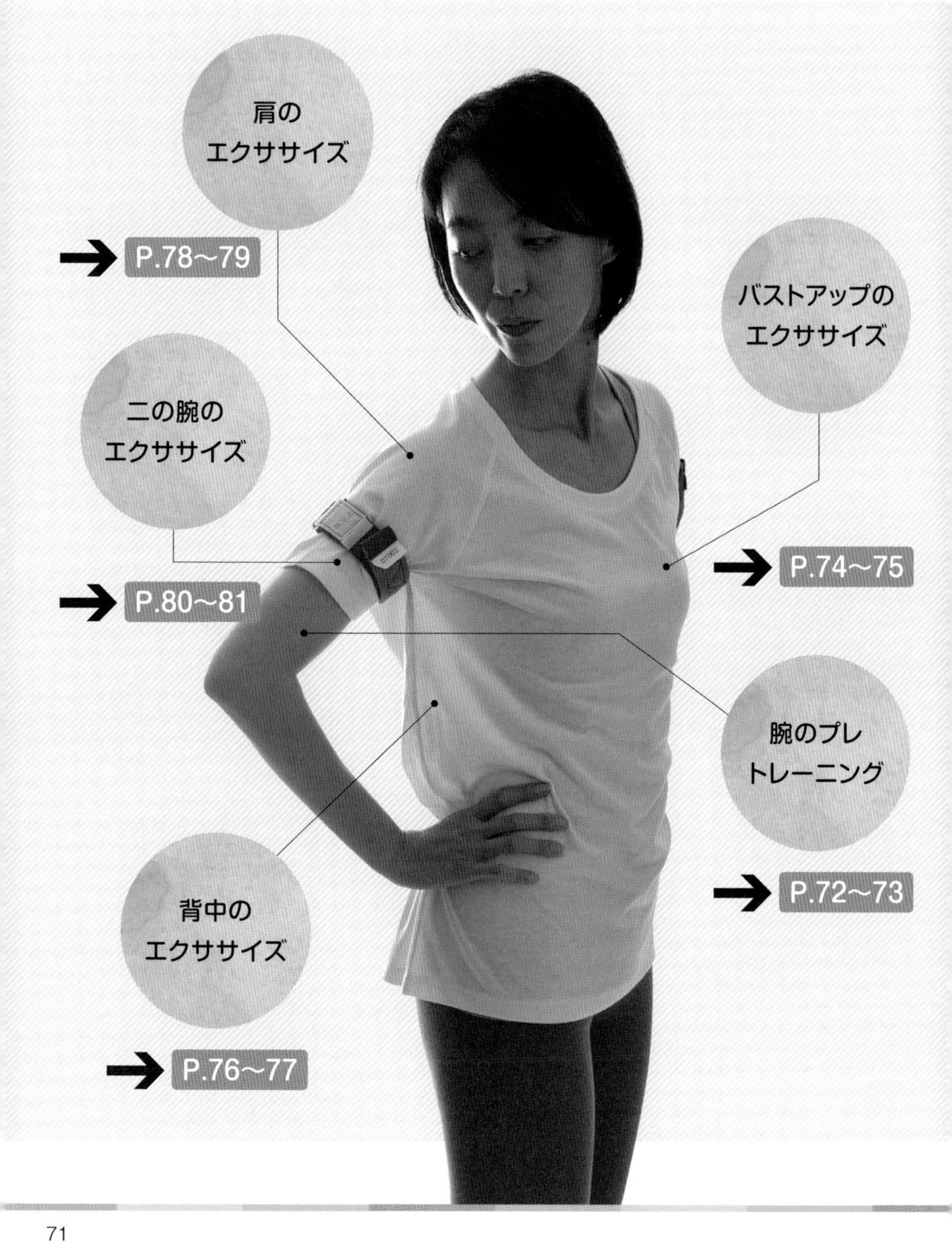
肩の
エクササイズ
P.78〜79
バストアップの
エクササイズ
P.74〜75
二の腕の
エクササイズ
P.80〜81
腕のプレ
トレーニング
P.72〜73
背中の
エクササイズ
P.76〜77

エクササイズの前に

腕のプレトレーニング

上半身のエクササイズの前には、腕のつけ根にベルトをつけて、この3種類のトレーニングを行いましょう。腕に血液がたまりやすくなるため、血管ストレッチ加圧の効果がより高まります。

グッパー運動

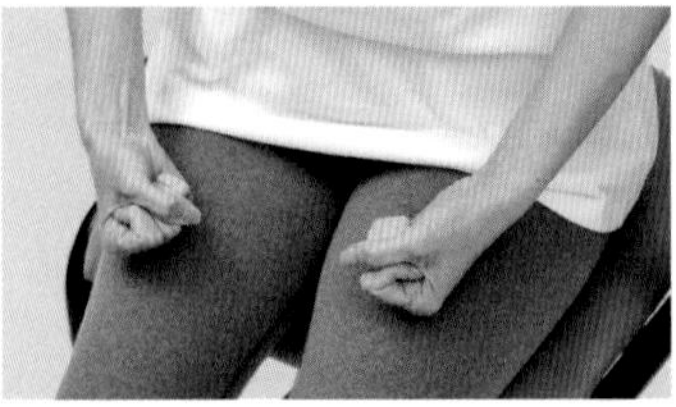

姿勢を正して椅子に座り、手のひらを上に向けて両手を太ももの上に置きます。まずこぶしを握り、次に指を大きく開いてください。握る時親指は、他の4本の指の中に入れず外側に出すように注意しましょう。10回、2～3セット行います。

間違った握り方

プッシュダウン

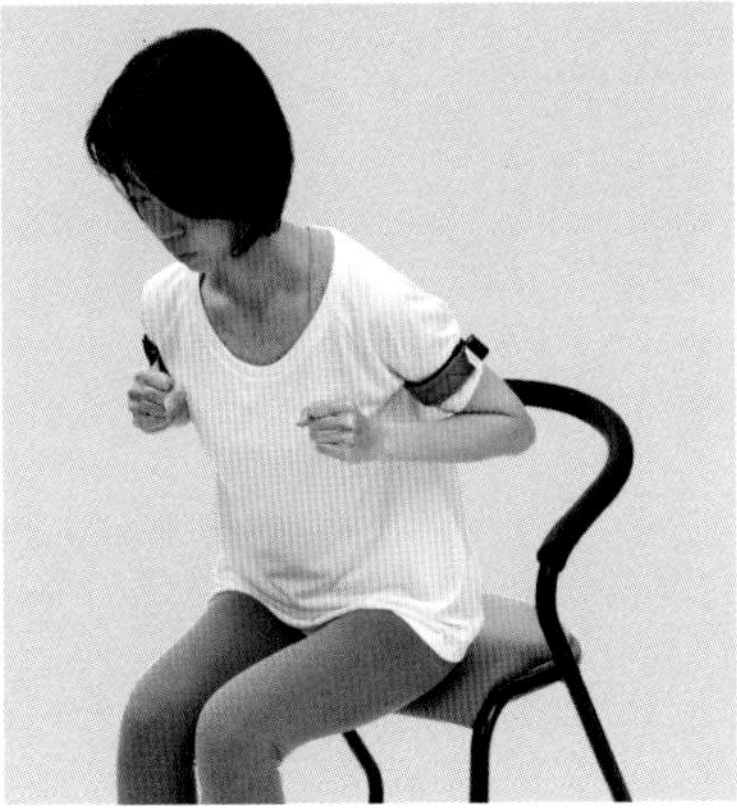

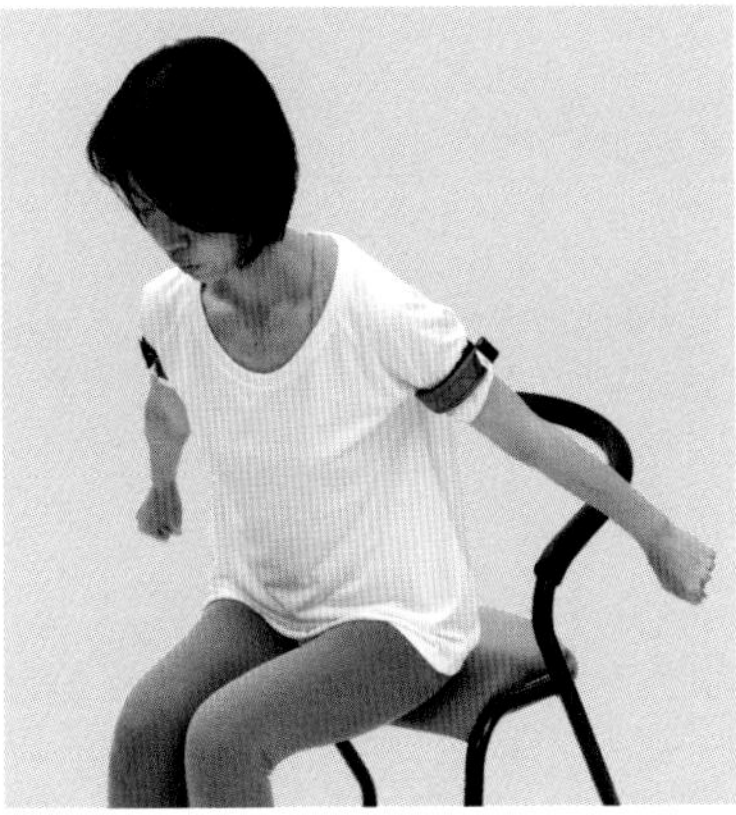

軽くこぶしを握って、両手を胸の前で合わせます。ひじの位置を固定したまま、「ハ」の字になるようなイメージで腕をゆっくり伸ばし、またゆっくり戻します。10回、2～3セット行います。

アームカール

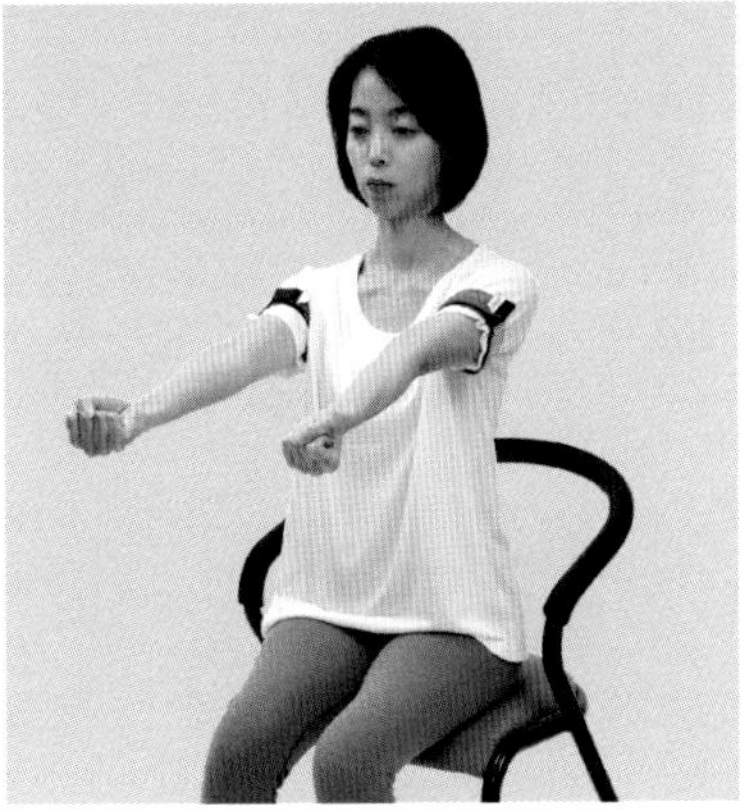

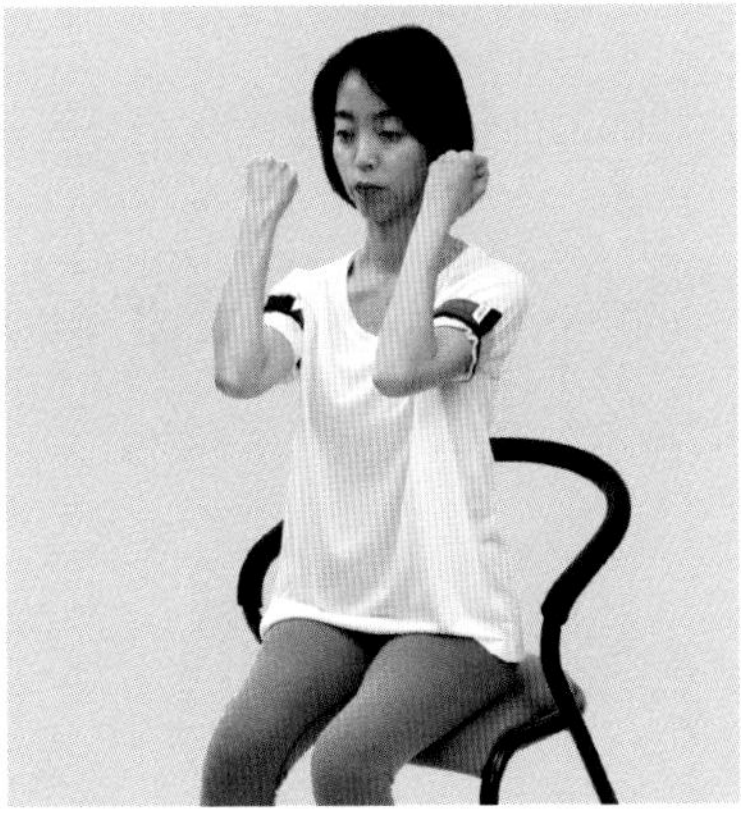

背筋を伸ばして椅子に座り、ひじを伸ばします。軽くこぶしを握って、ひじの位置を固定したまま、上腕に力こぶを作るような気持ちで両手をゆっくりと曲げてこぶしを肩の位置まで上げます。そしてゆっくりと元に戻してください。10回、2～3セット行います。

バストアップのエクササイズ

大胸筋を鍛えて、ハリがあるふっくらとした美バストを作るエクササイズです。腕の位置や手の向きを変えることで、大胸筋の上部、中部、下部をバランスよく鍛えることができます。

10回
×
1〜3セット

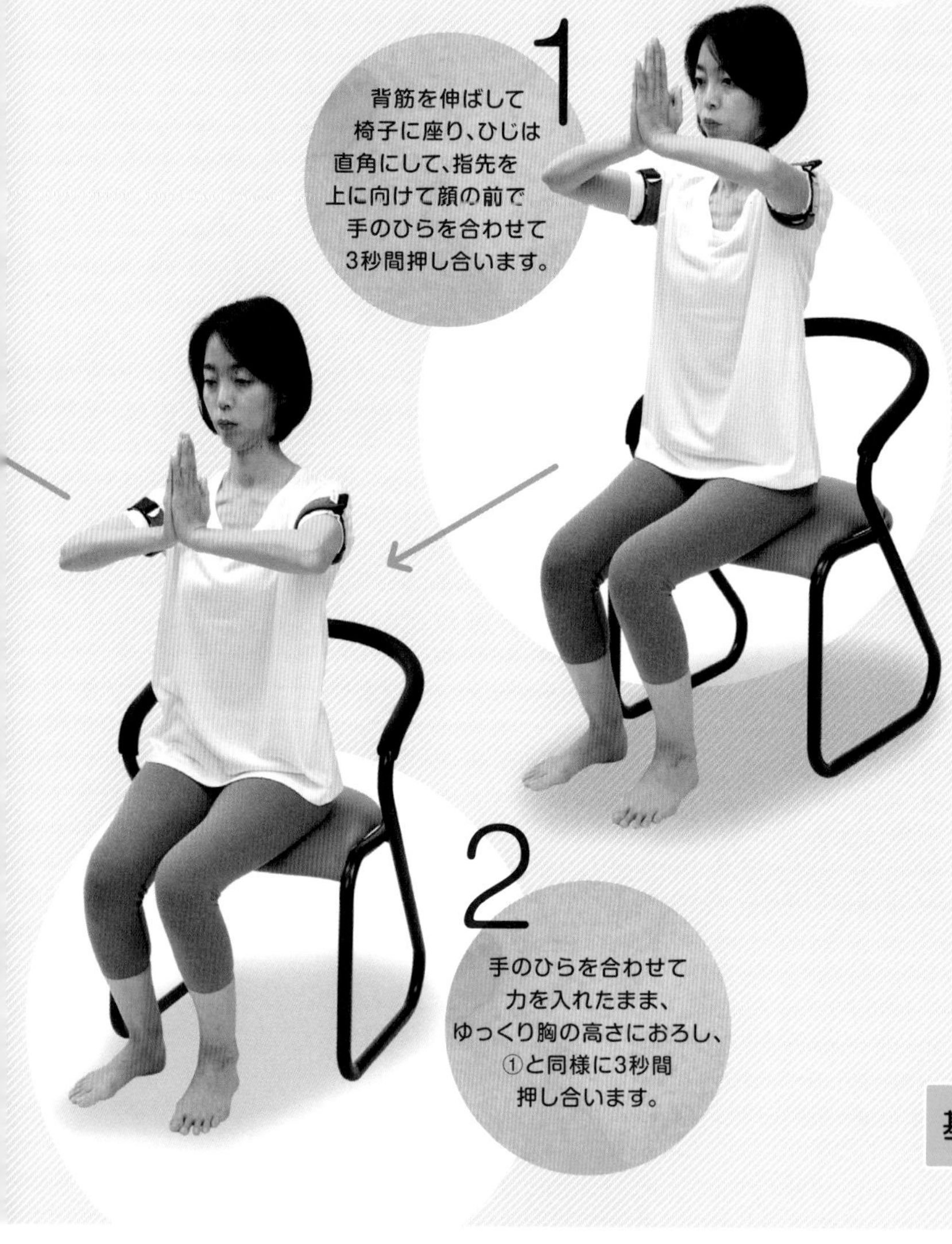

1
背筋を伸ばして椅子に座り、ひじは直角にして、指先を上に向けて顔の前で手のひらを合わせて3秒間押し合います。

2
手のひらを合わせて力を入れたまま、ゆっくり胸の高さにおろし、①と同様に3秒間押し合います。

基本セット

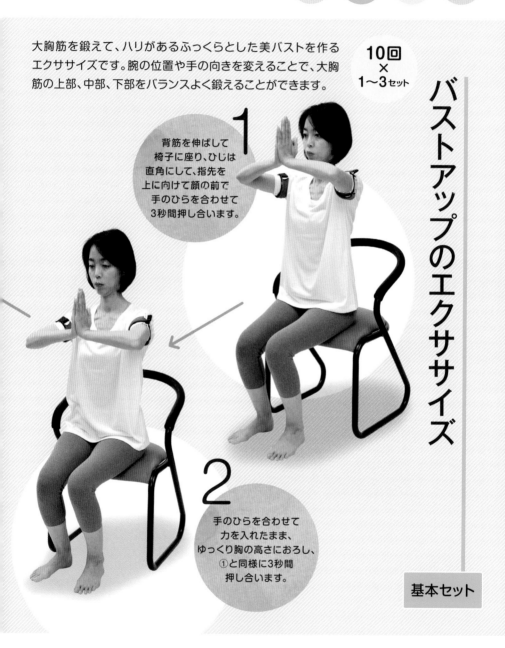

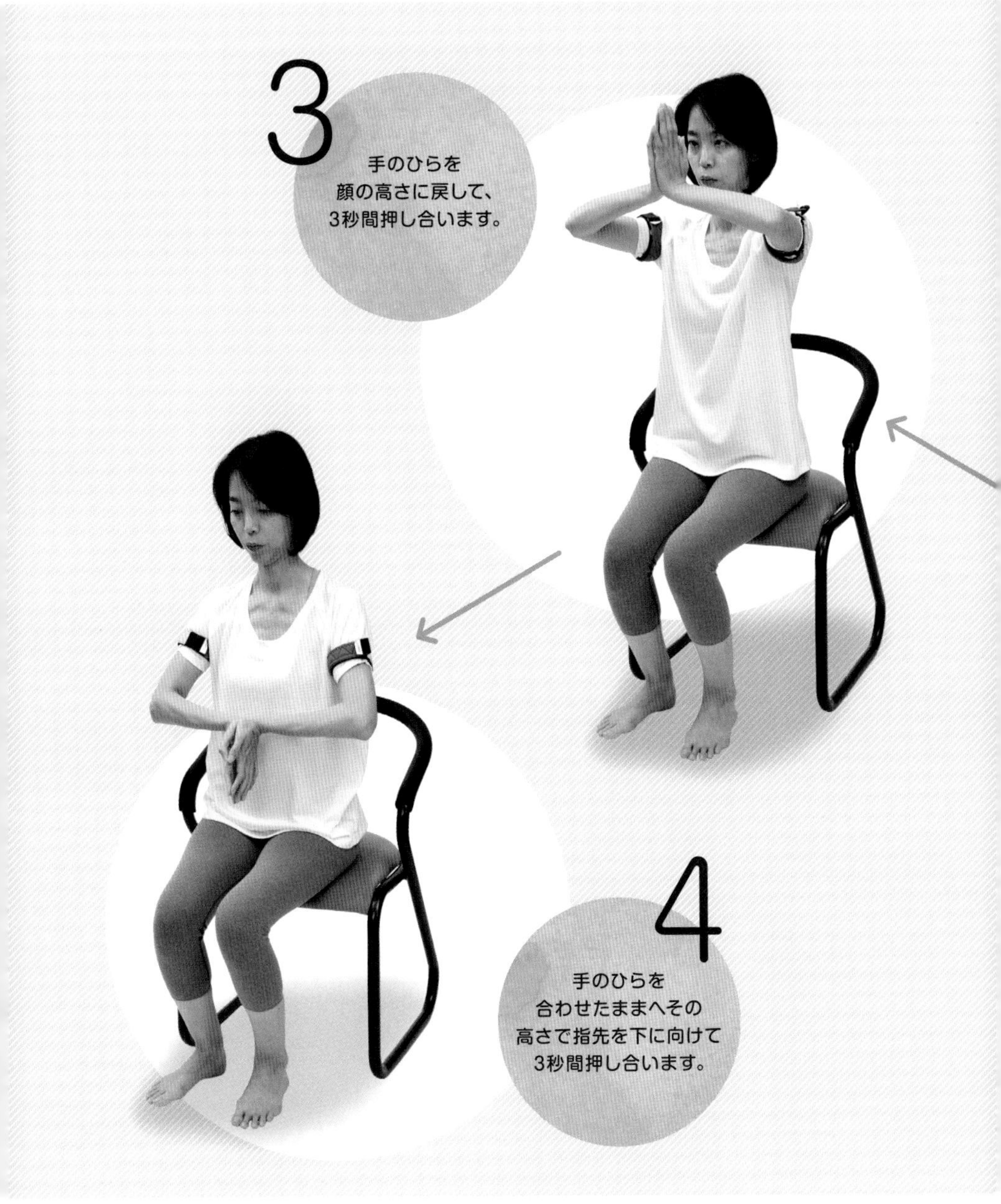
3
手のひらを
顔の高さに戻して、
3秒間押し合います。
4
手のひらを
合わせたままへその
高さで指先を下に向けて
3秒間押し合います。

きれいな背中を作るエクササイズ

10回
×
1〜3セット

日常生活で使うことがほとんどない背中の広背筋は、脂肪がつきやすい部分です。自分では見えないので油断しがちですが、広背筋が衰えると猫背になり老けて見える原因に。両手に500mlペットボトルを持って、鍛えましょう。

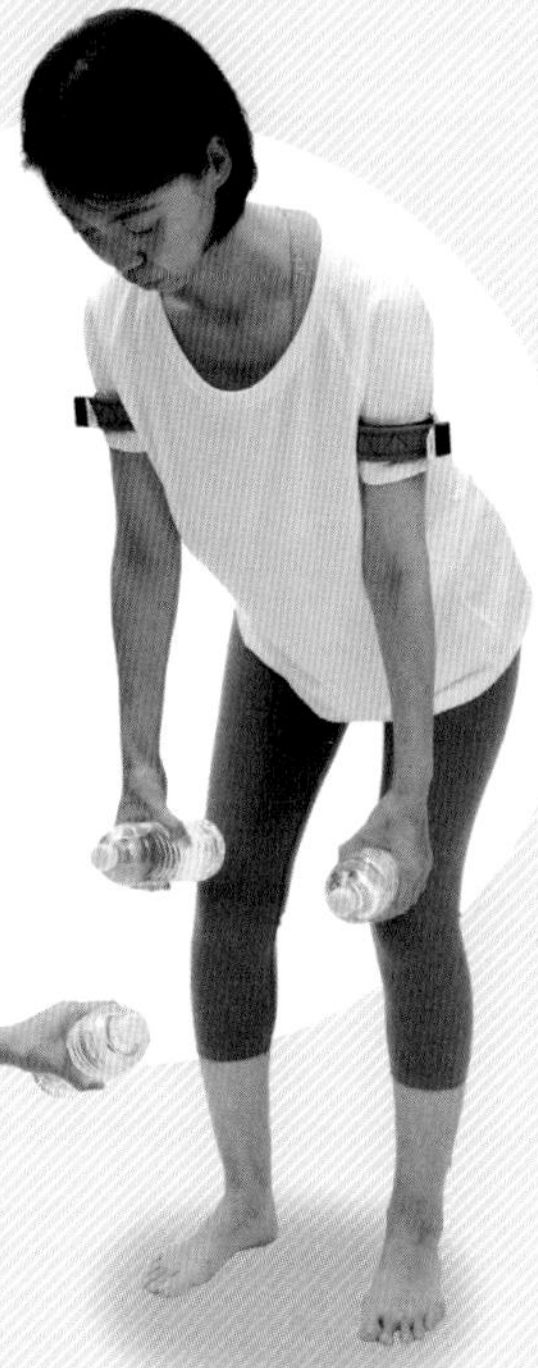

1

背筋を伸ばし、
足を肩幅に開いて
ひざは軽く曲げて立ちます。
体を前に45度位倒し、500ml
ペットボトルを持ち両手
を下に伸ばします。

2

上体や腰の位置
は変えずに、両腕を
真横に上げます。

B 肩こり改善

E 姿勢改善

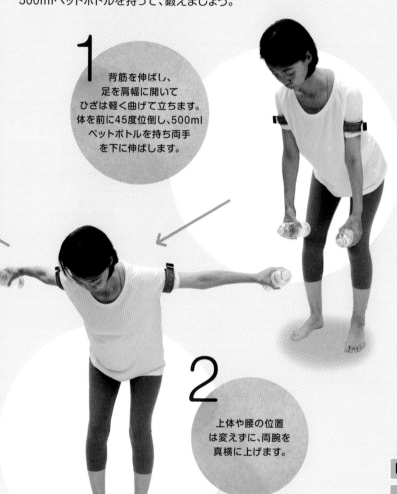

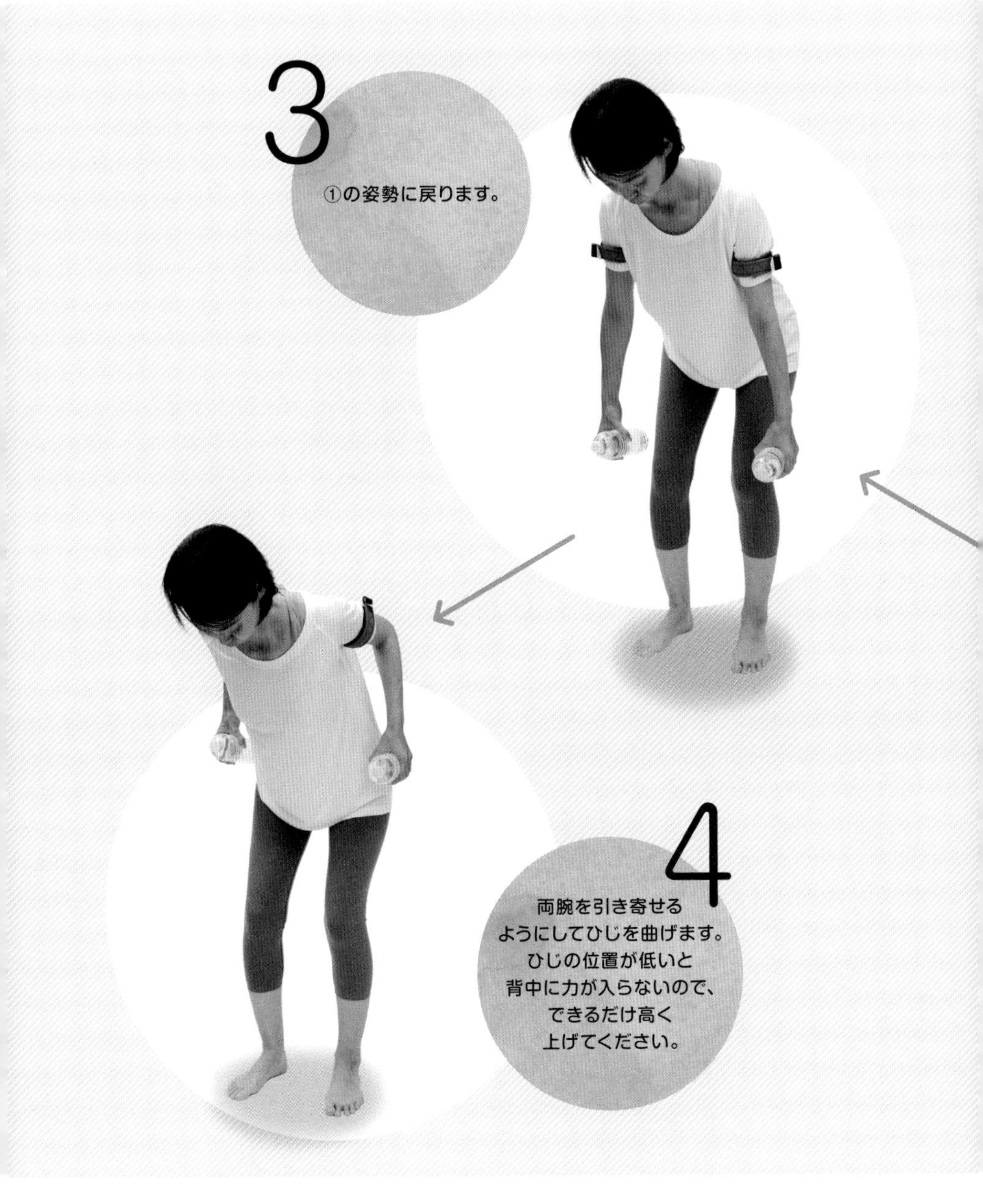
3
①の姿勢に戻ります。
4
両腕を引き寄せる
ようにしてひじを曲げます。
ひじの位置が低いと
背中に力が入らないので、
できるだけ高く
上げてください。

肩をすっきりさせるエクササイズ

肩に余計な脂肪がついていると、太って見えるだけでなく、実年齢よりも老けた印象になります。三角筋など肩まわりの筋肉を鍛えて、ラインをすっきりさせましょう。

ショルダープレス

B 肩こり改善

10回
×
1～3セット

1 両手に500mlペットボトルを持ち、ひじを曲げて足を肩幅に開いて立ちます。

2 ひじを伸ばして両腕を押し上げ、ペットボトルを上に持ち上げます。

プッシュアップ

基本セット

10回
×
1〜3セット

1

手とひざを床に
つけて体を支えます。
ひざはお尻よりも
遠い位置に
ついてください。

2

お腹に力を入れながら
ひじを曲げて、
ゆっくりと
深く沈みます。

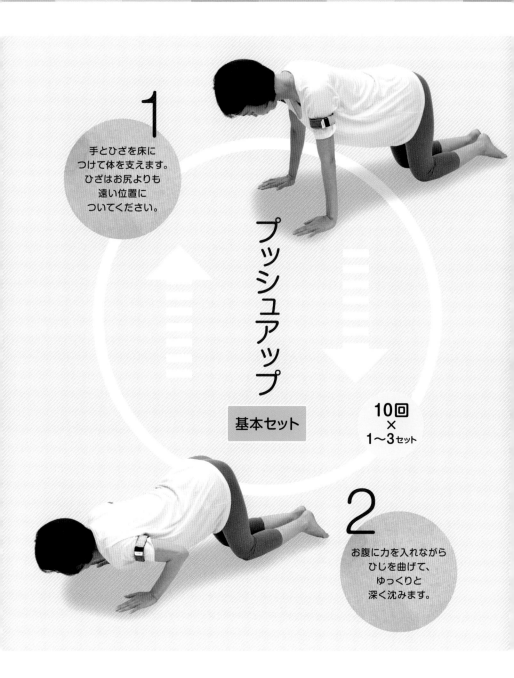

二の腕を引き締めるエクササイズ

意識して動かすことが少ない二の腕は、脂肪がたまりやすく、たるみも気になる部分です。二の腕の後ろ側の筋肉、上腕三頭筋を鍛えて、すっきり引き締めましょう。ペットボトルや椅子を使って、エクササイズを行います。

二の腕ひきしめ 1

10回
×
1〜3セット

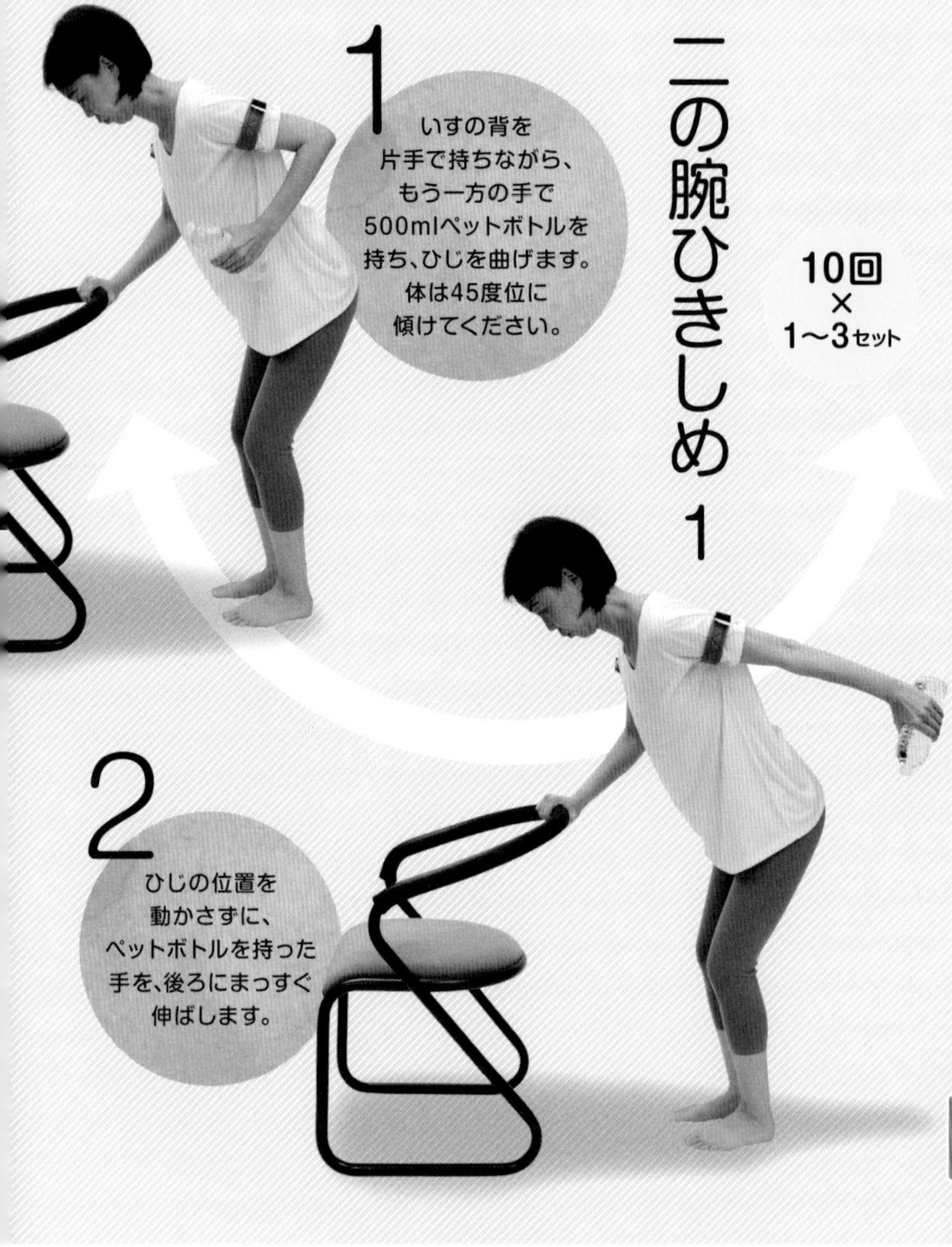

1
いすの背を片手で持ちながら、もう一方の手で500mlペットボトルを持ち、ひじを曲げます。体は45度位に傾けてください。

2
ひじの位置を動かさずに、ペットボトルを持った手を、後ろにまっすぐ伸ばします。

A-1（4種類）
シェイプアップ

二の腕ひきしめ 2

10回
×
1〜3セット

NG!

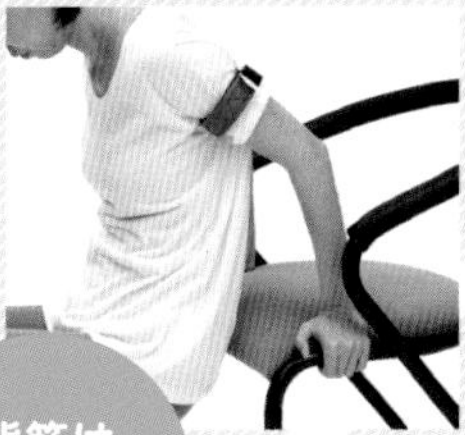

背筋は
まっすぐに!

1
椅子の座面の端を
両手でつかみ、
体をしっかり
支えてください。

2
息を吐きながら
ひじとひざをゆっくり
曲げていきます。

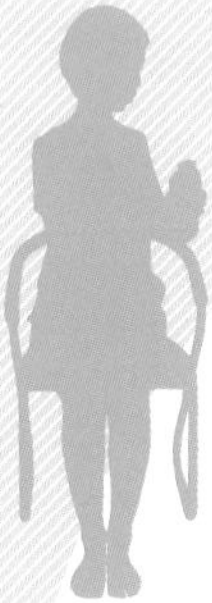

下半身のエクササイズ

贅肉のついたウエストやポッコリ出たお腹、
垂れてしまったヒップ。年齢とともに変化しやすいのが、
下半身です。お腹まわりやお尻の筋肉は、普段の生活では
ほとんど使われていないので、何もしないと脂肪が
ますますついてしまいます。逆にエクササイズを続ければ、
効果が出やすいのも下半身です。
下半身のエクササイズを行う時は、脚のつけ根に
ベルトを巻いてください。血流を制限しているため、
短時間で効率的に下半身の筋肉を
鍛えることができます。

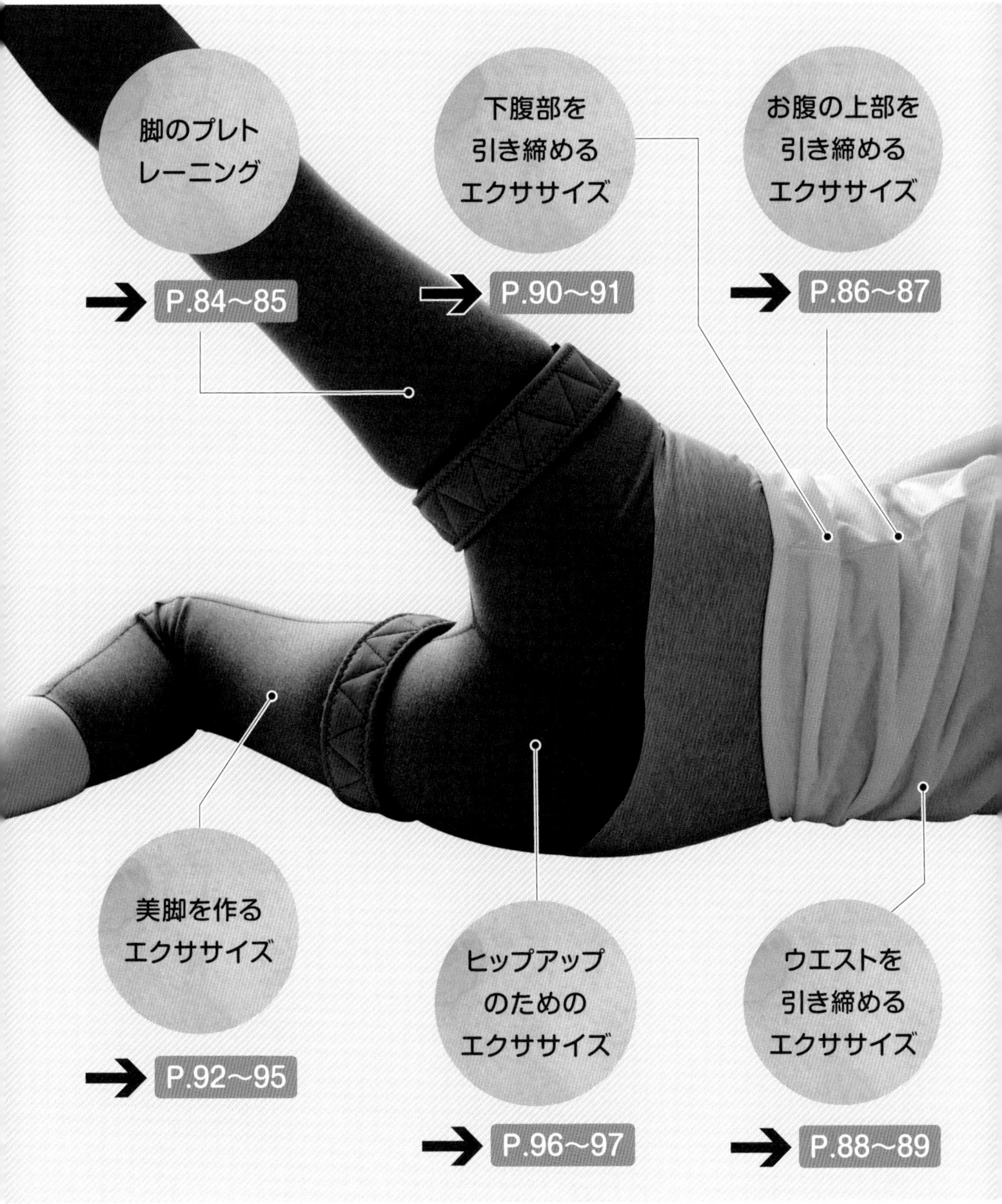
脚のプレトレーニング
→ P.84～85
下腹部を引き締めるエクササイズ
→ P.90～91
お腹の上部を引き締めるエクササイズ
→ P.86～87
美脚を作るエクササイズ
→ P.92～95
ヒップアップのためのエクササイズ
→ P.96～97
ウエストを引き締めるエクササイズ
→ P.88～89

エクササイズの前に

脚のプレトレーニング

下半身のエクササイズの前には、脚のつけ根にベルトをつけて、この3種類のトレーニングを行いましょう。脚に血液がたまりやすくなるので、血管ストレッチ加圧の効果がより高まります。

グッパー運動

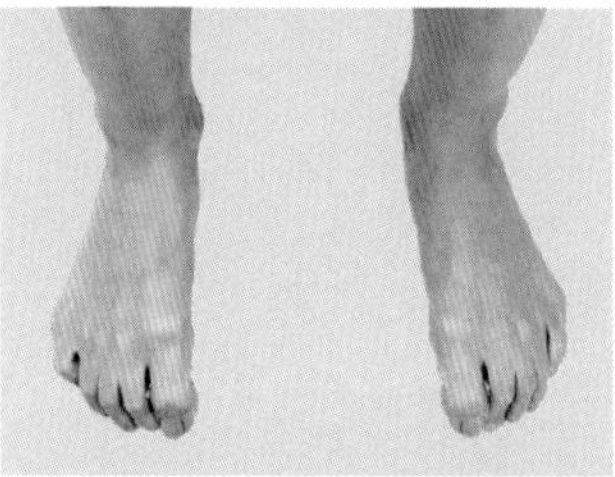

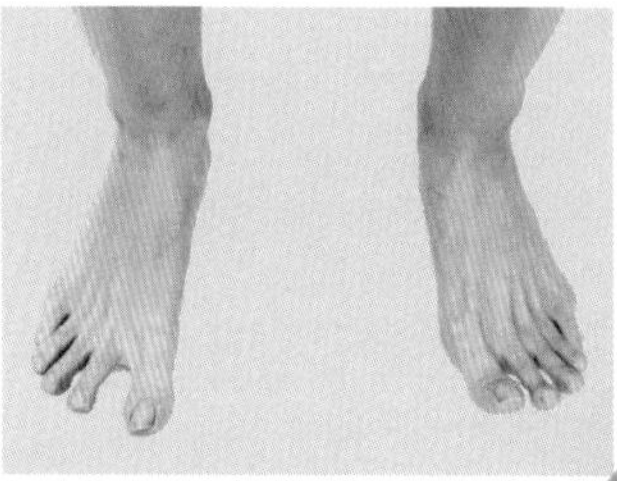

裸足になって椅子に座り、足の指に力を入れて丸め「グー」の形にします。その後指を思い切り開いて「パー」の形にします。10回、2〜3セット行います。

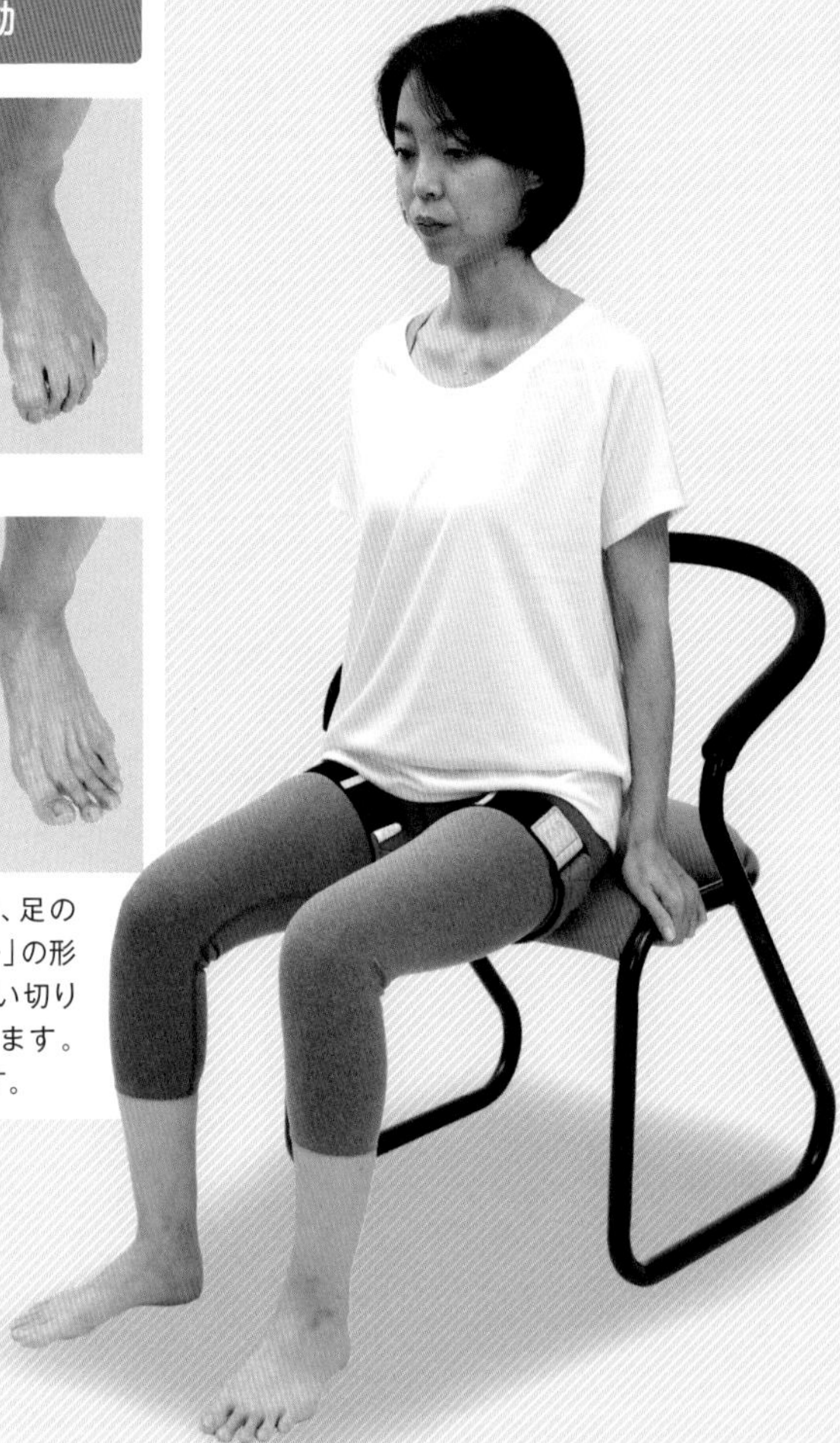

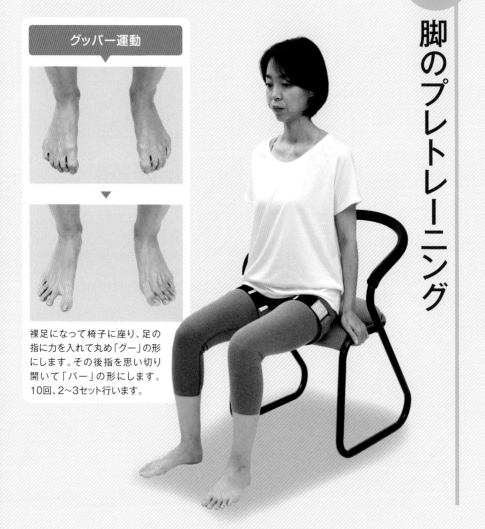

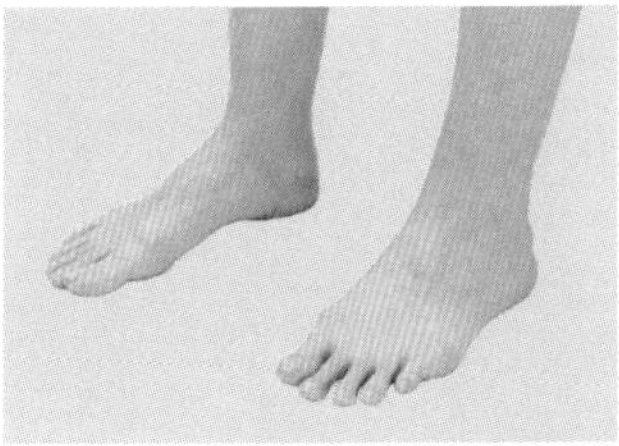

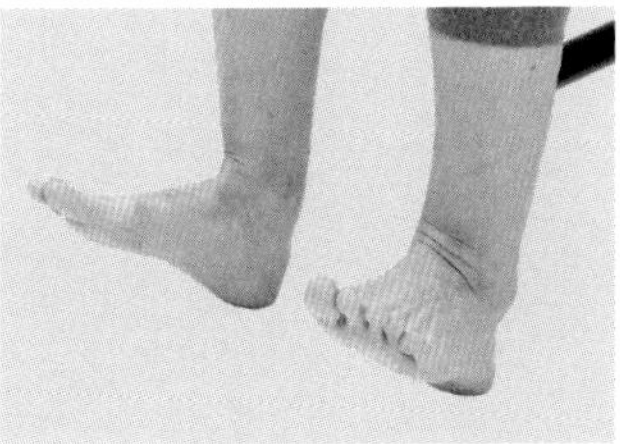

トゥーレイズ

軽く脚を開いて椅子に座り、かかとを床につけたままゆっくりとつま先を上げ、ゆっくりと下ろします。すねの筋肉が鍛えられます。10回、2〜3セット行います。

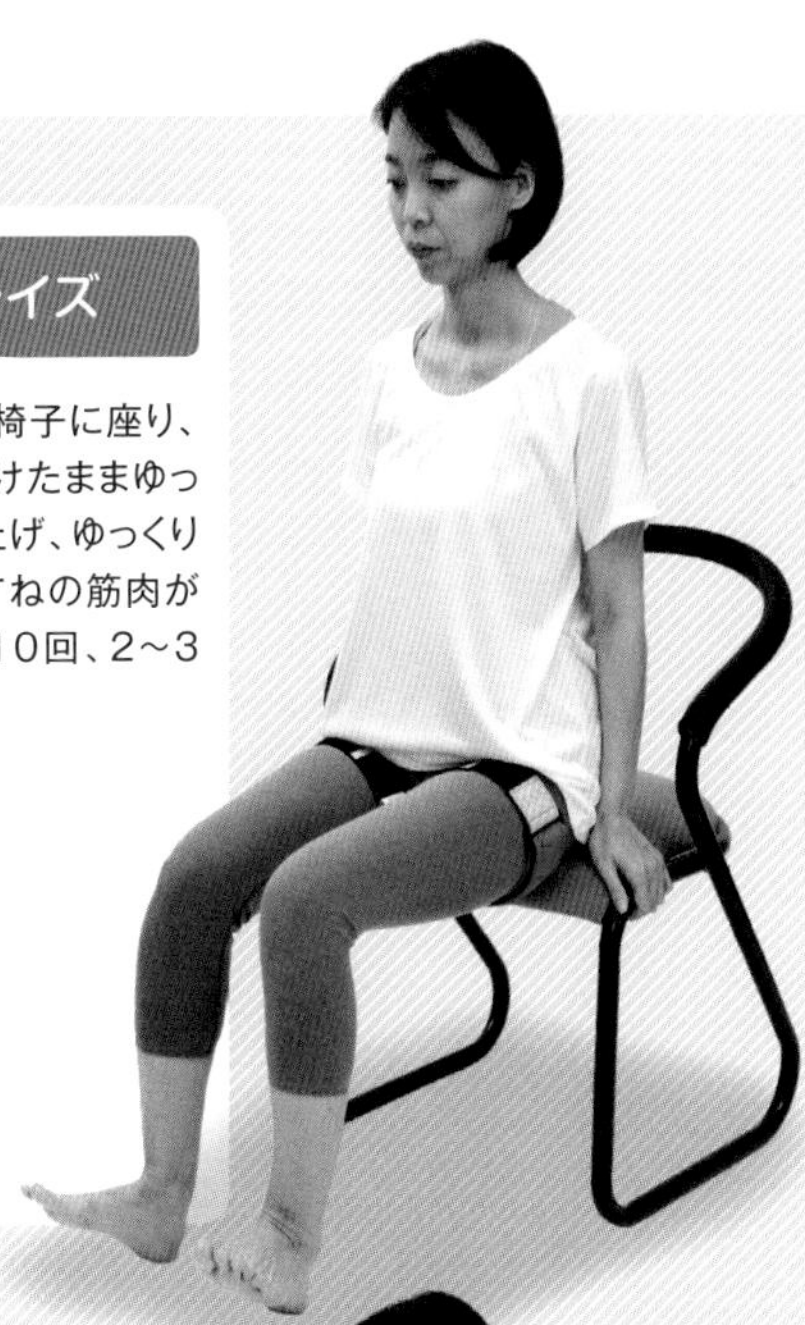

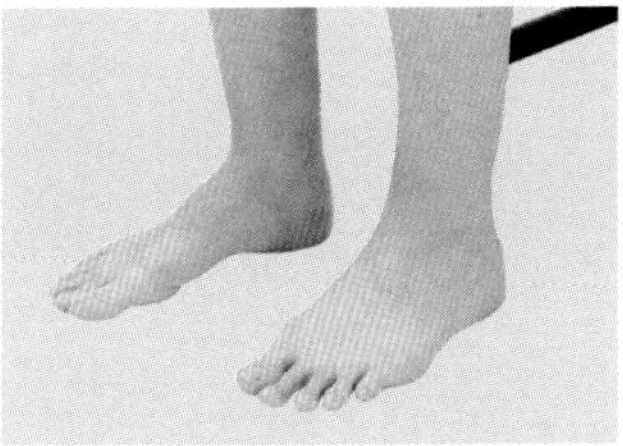

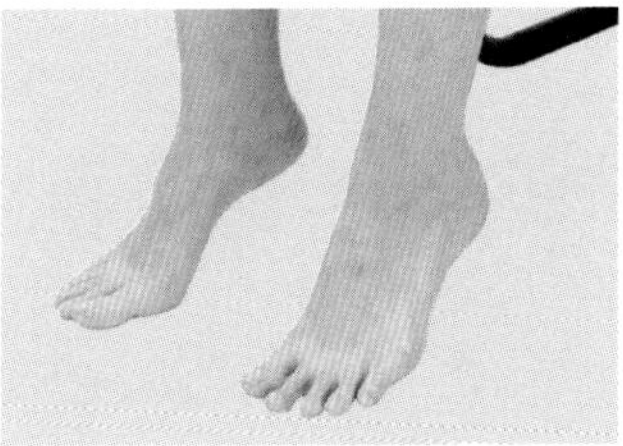

D 膝痛改善

カーフレイズ

背筋を伸ばして椅子に座り、つま先を床につけたままゆっくりとかかとを上げゆっくりと下ろします。ふくらはぎの筋肉が鍛えられます。10回、2〜3セット行います。

またこのエクササイズを立って行うと、膝痛予防・改善効果が期待できます。

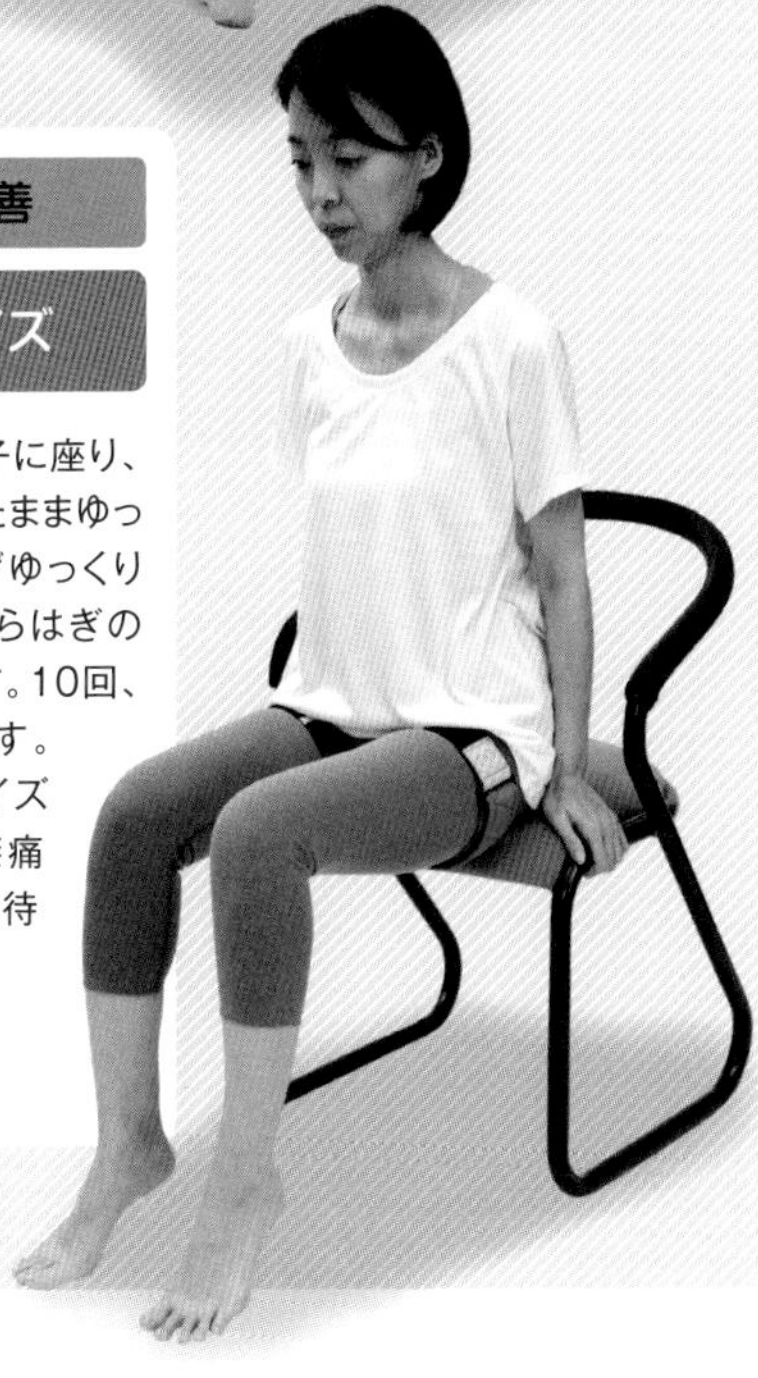

お腹の上部を引き締めるエクササイズ

クランチ

A-1（4種類）
シェイプアップ

バストの下からおへそのあたりまでの腹直筋上部を鍛えるエクササイズです。いわゆる腹筋と呼ばれる運動ですが、脚を曲げて行うことで、お腹上部の筋肉により力が入りやすくなります。ほっそり引き締まったウエストを目指して頑張りましょう。

1 床の上に仰向けに寝て、膝を90度に曲げて持ち上げます。両手は頭の後ろで組みます。

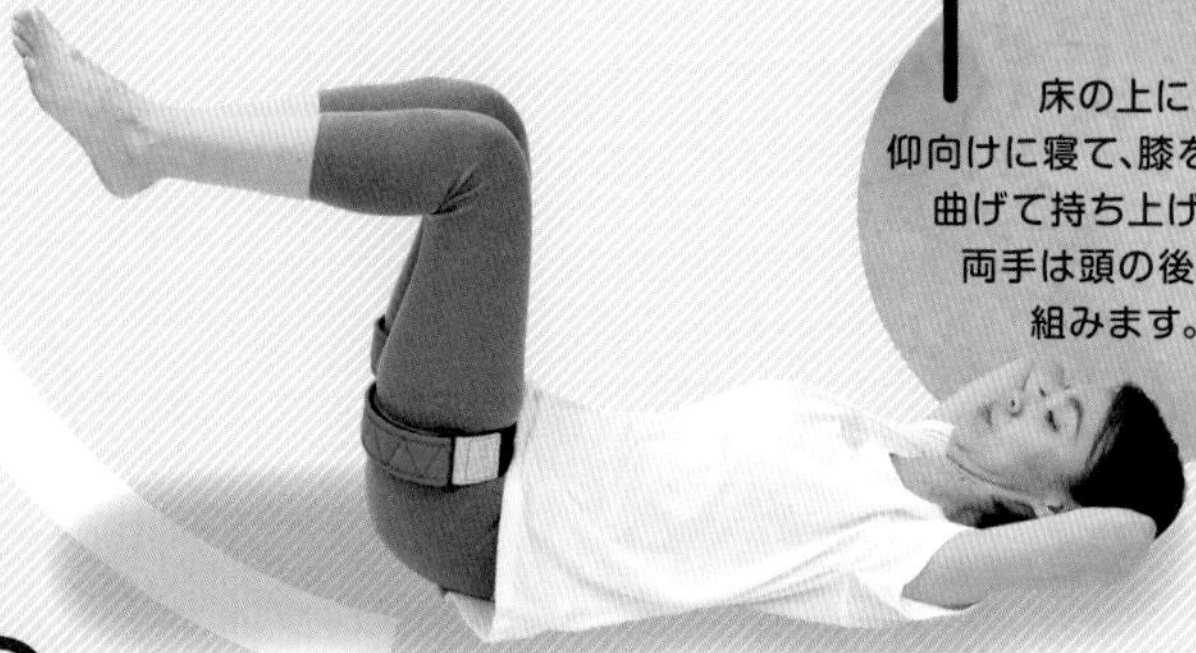

2 お腹に力を入れながら、背中を丸めるような気持ちで体を起こしていきます。目線はもものあたりにおきましょう。戻る時も反動を使わず、ゆっくりと行ってください。

10回
×
1〜3セット

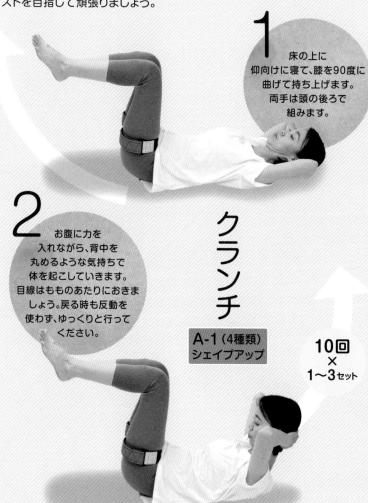

首が痛くならないクランチ

腹筋のエクササイズで首を痛める人は、首の筋肉を無理に伸ばしていたり、首に力が入り過ぎていることがあります。手を首の後ろで組んでクランチを行うと、痛みが軽くなります。

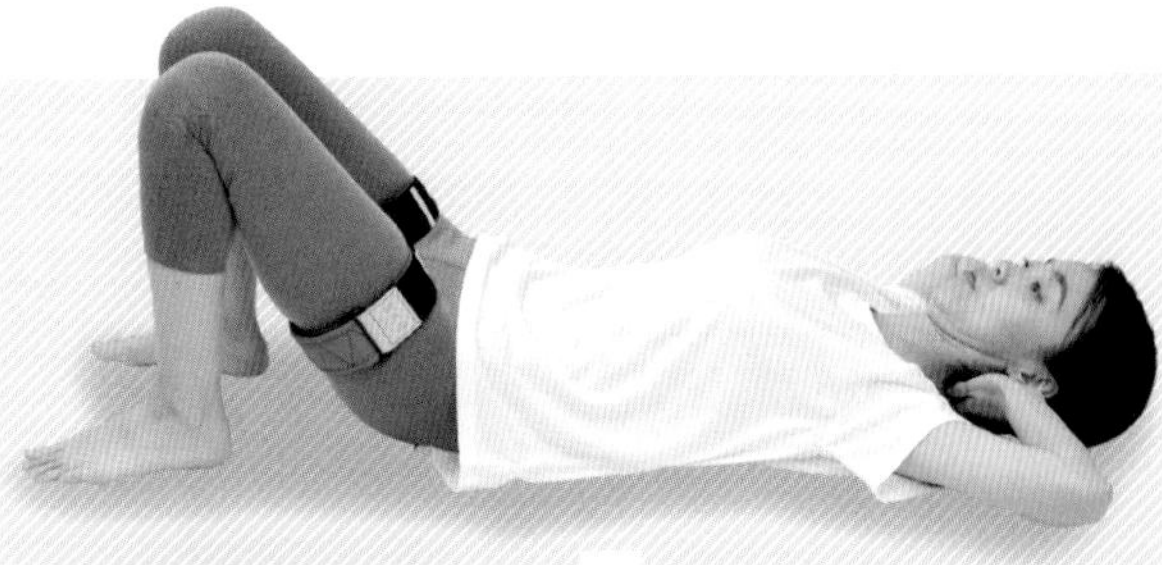

C 腰痛改善

腰が痛くならないクランチ

クランチで腰が痛くなる人は、腹筋以外に力が入り過ぎていたり、フォームが間違っている可能性があります。腰に痛みや違和感を感じる時に無理に通常の腹筋のエクササイズを行うと、悪化させてしまいます。仰向けに寝て腰の下に手を入れ、腹筋に力を入れながらお腹の上げ下げを行ってください。

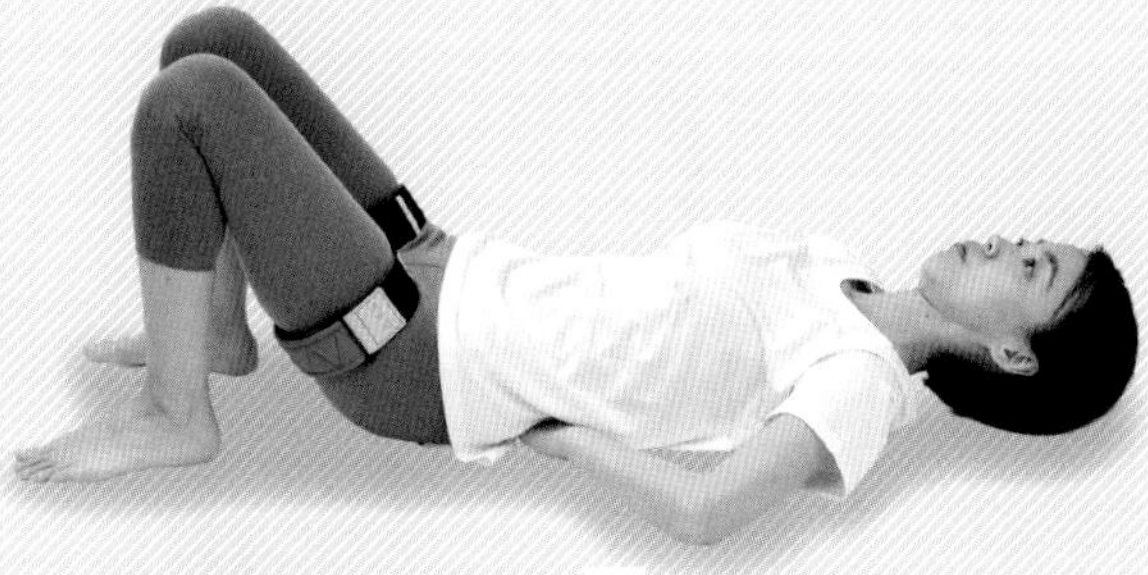

ウエストを引き締めるエクササイズ

椅子に座り、上半身をひねって筋肉を絞り、ウエストを引き締めるエクササイズです。しっかりとウエストの筋肉をひねるようにしてください。続けることで、きれいなくびれが生まれます。500mlペットボトルを両手に持ち負荷として使うことで、より効果が高まります。

ウエストひねり

A-1（4種類）
シェイプアップ

1 両手に500mlペットボトルを持ち、背筋を伸ばして椅子に座ります。

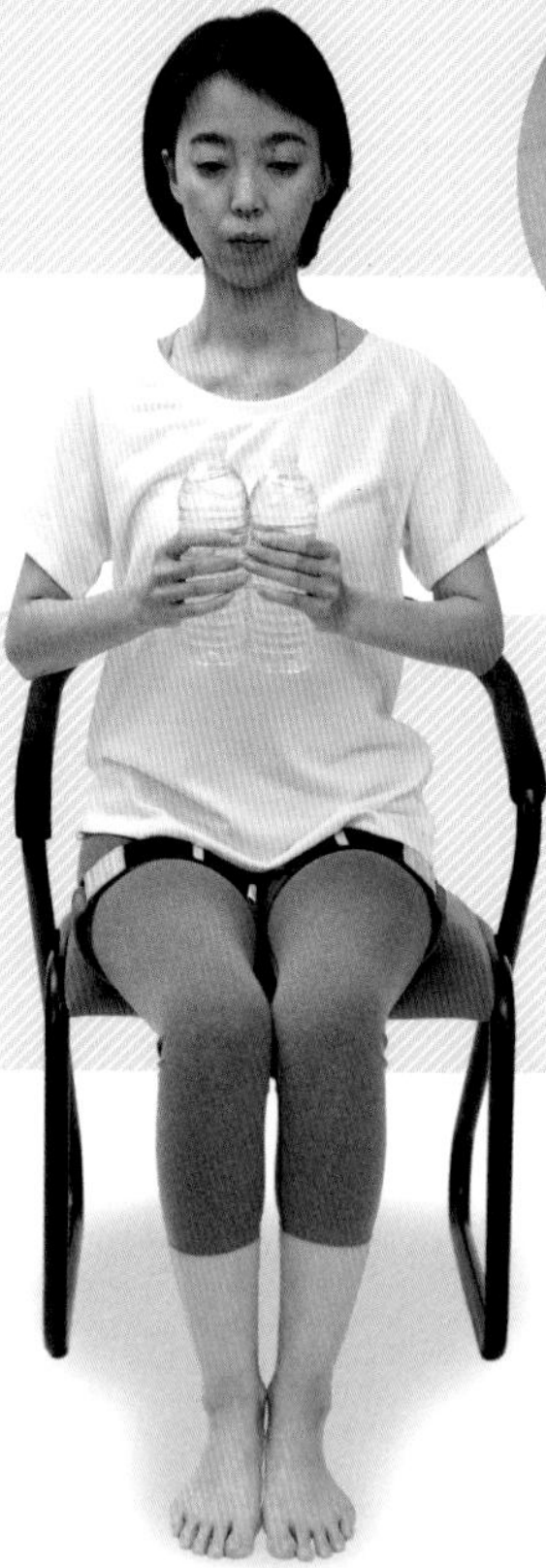

10回 × 1〜3セット

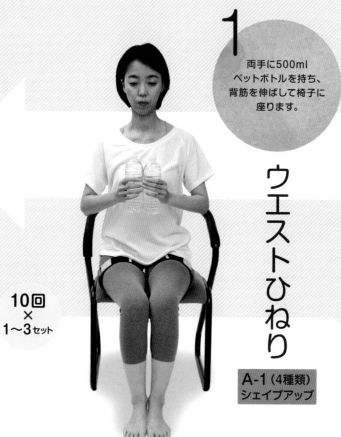

2

両脚は正面に
揃えたまま、
上半身だけを左側に
ひねります。

3

一旦正面に
戻ってから、同じように
右側にもひねります。
正面に戻る時に息を
吸うようにするのが
ポイントです。

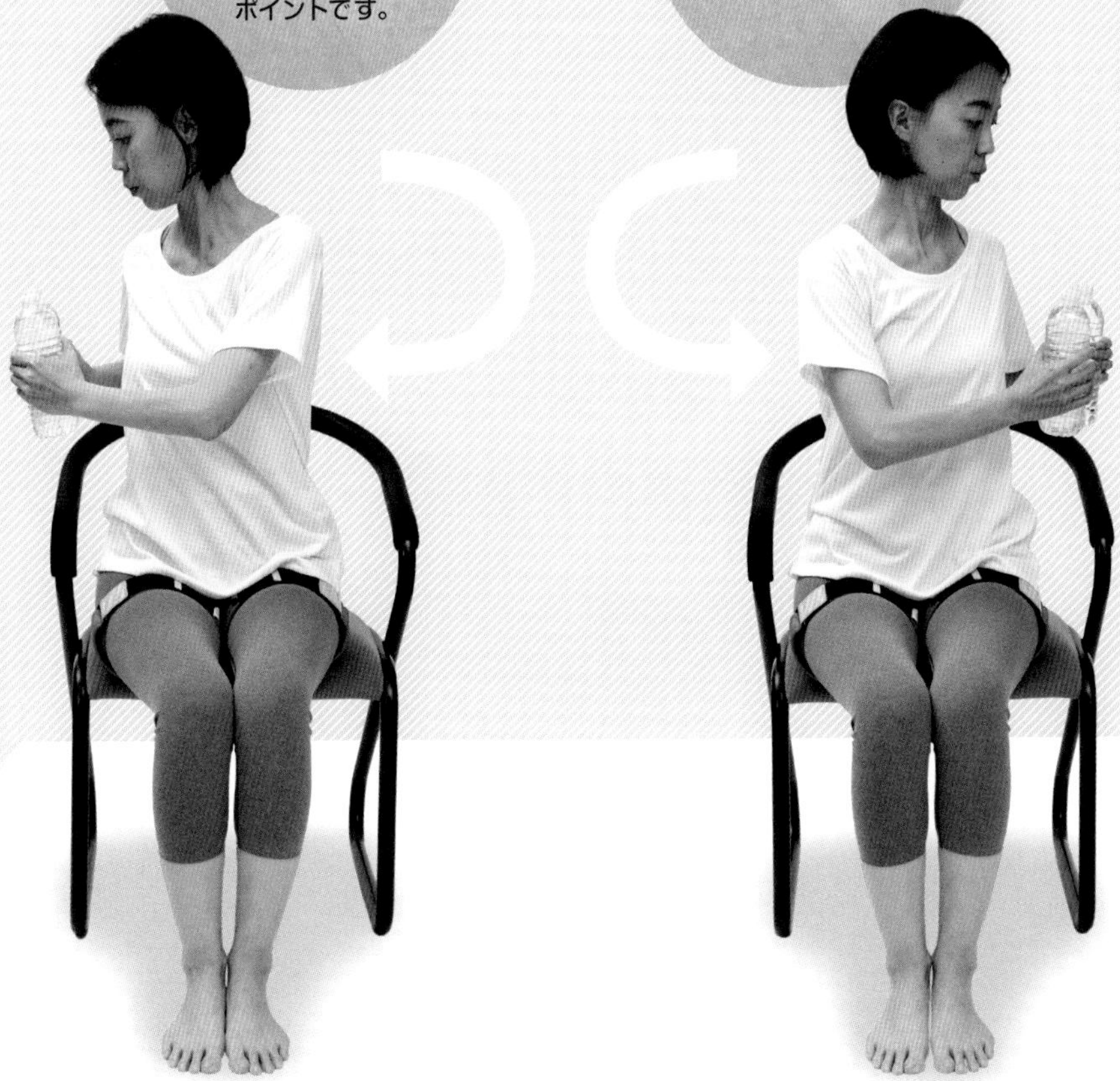

下腹部を引き締めるエクササイズ

腹直筋下部を引き締めるエクササイズです。気になる下腹をすっきりさせると、シルエットも若々しくなり、スカートやパンツもきれいに着こなせるようになります。また便秘がちな人は下腹がポッコリ出やすいもの。腹筋を鍛えると腸の動きが活発になるため、便秘解消にも効果があると言われています。

ニー・トゥ・チェスト

A-2（4種類）
シェイプアップ

10回
×
1～3セット

1
床にお尻をついて座り、脚は床から30度くらい上げて伸ばします。上体は両手で支えます。

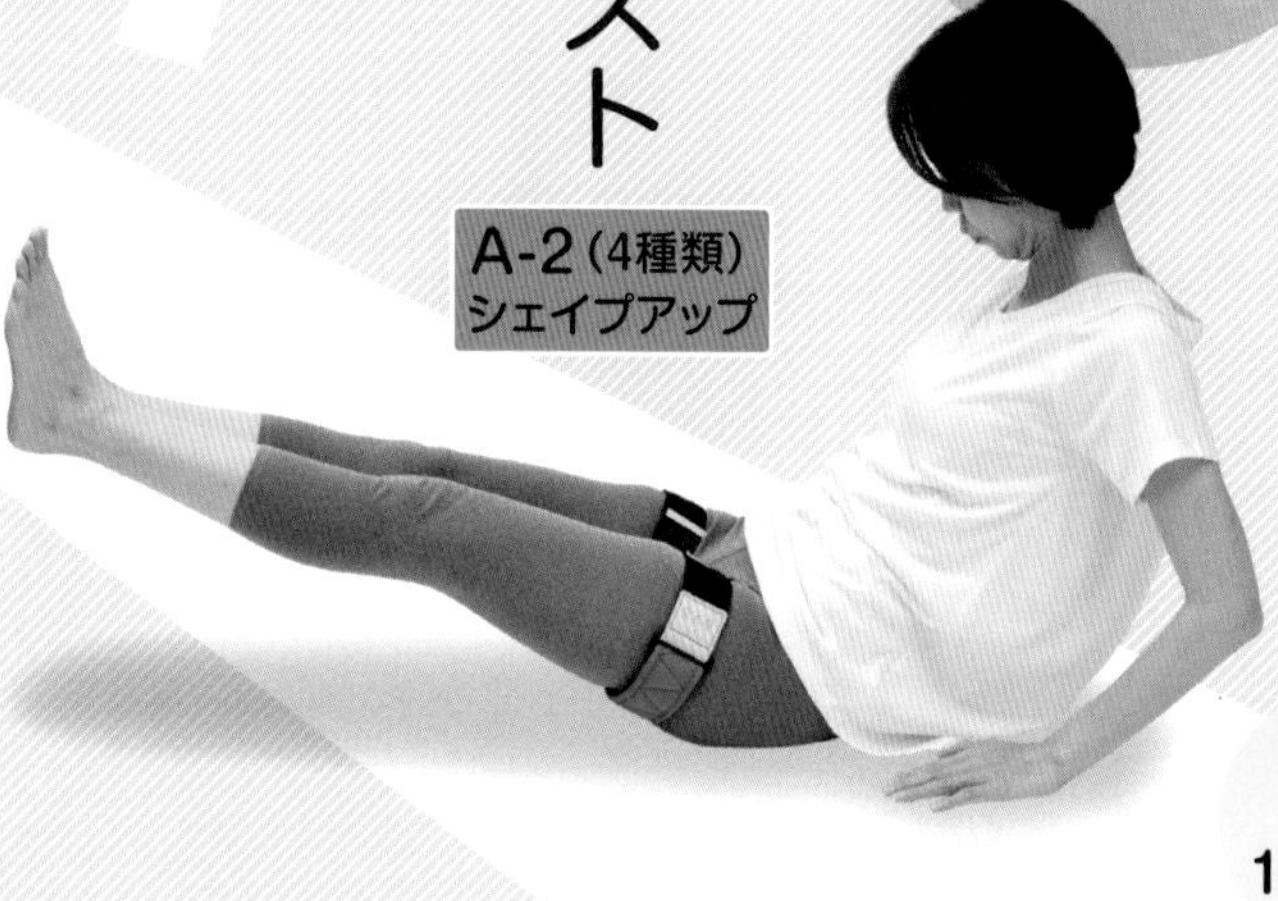

2

上体の位置は変えずに、
ゆっくりと息を吐きながら
両脚を曲げて引き寄せます。
この時下腹部に力が入っている
ことを意識してください。

3

息を吸いながら、
お腹に力を入れたまま
脚を伸ばし、①の姿勢に
戻ります。

美脚を作るエクササイズ

普段の生活の中で歩いているだけでは、脚やお尻の筋肉はあまり使われていません。脚のエクササイズで太もものたるみを防いで、まっすぐで細くきれいな脚をめざしましょう。

美脚エクササイズ（脚上げ）

C 腰痛改善

10回
×
1〜3セット

1
片手は椅子の背に添えて、片足をゆっくりと上げます。この時反対側の脚は、足の裏全体で床を押すように意識してください。

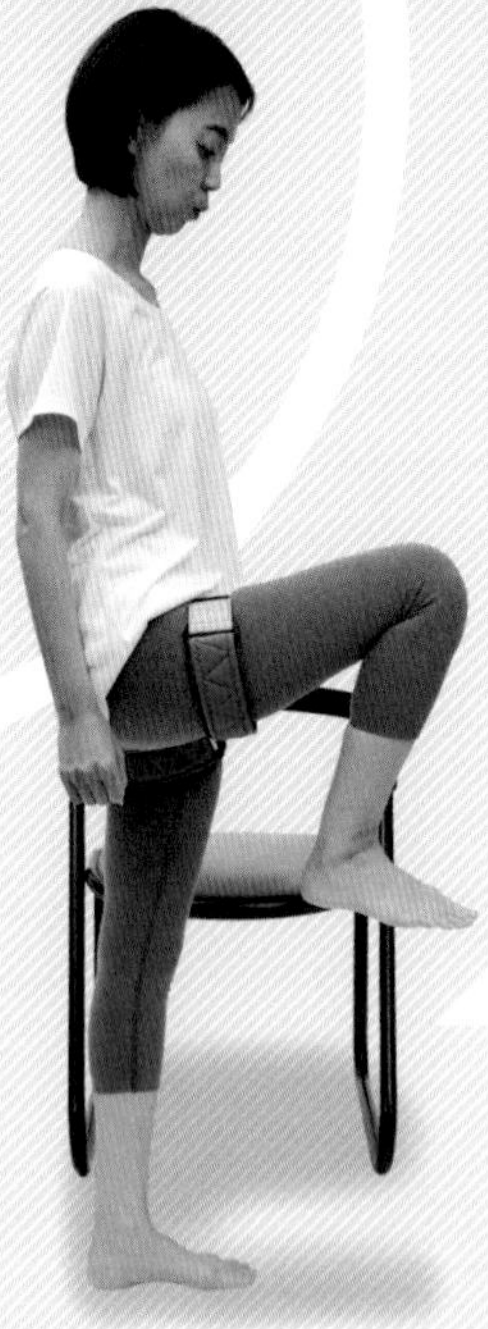

2
息を吸いながら脚を元の位置に戻します。

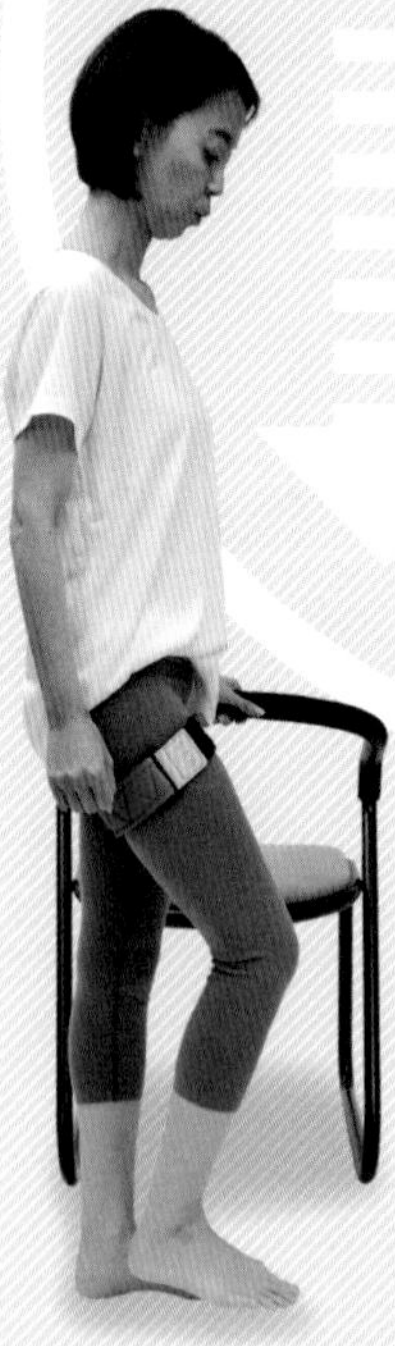

脚を交互に上げるシンプルなエクササイズですが、脚が引き締まるだけでなく、筋力がつくことで関節にかかる負担が減ります。

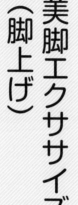

美脚エクササイズ（膝伸ばし）

10回 × 1〜3セット

D 膝痛改善

膝のまわりの筋肉を鍛えるエクササイズです。筋力がアップし血行もよくなるので、膝痛の予防にもおすすめです。

1

椅子に浅めに座って、片足を前方に伸ばします。つま先は真上に向けてください。

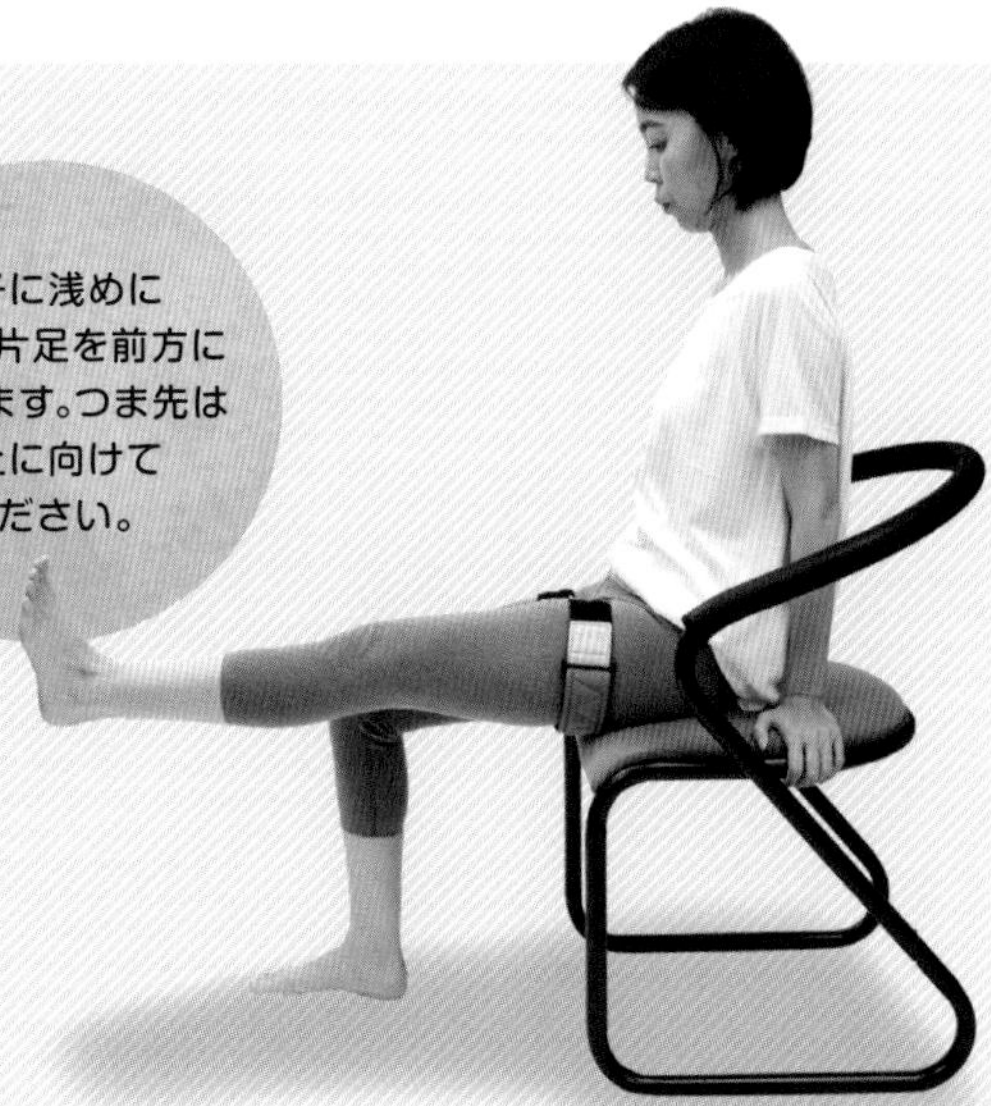

2

元の位置に戻り、反対側の脚も同じように伸ばします。

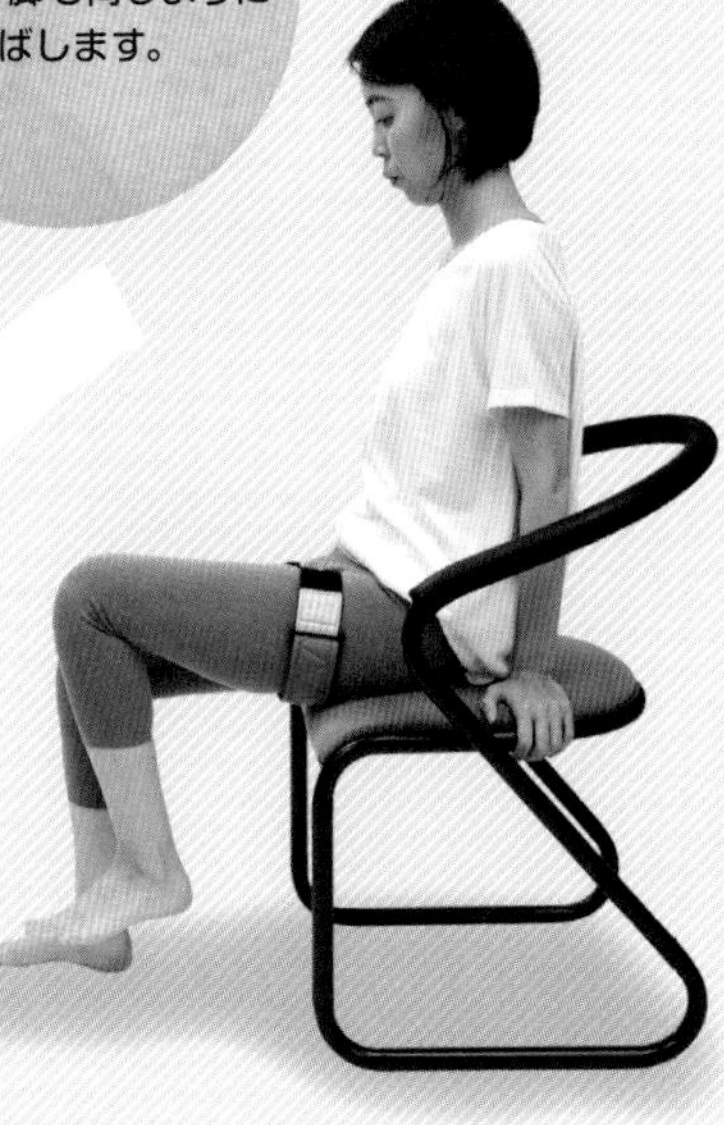

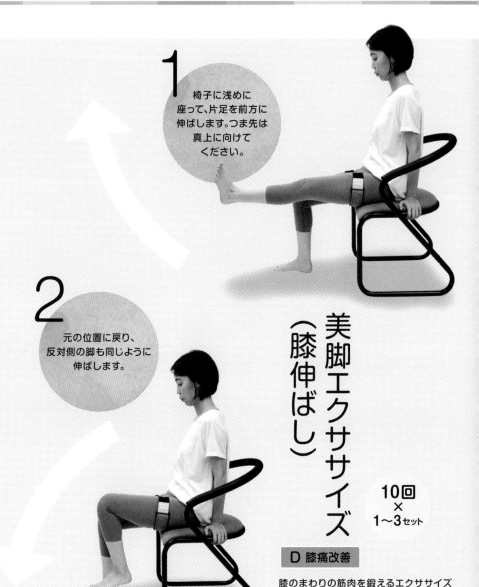

美脚エクササイズ（ランジ）

基本セット

10回
×
1〜3セット

太もも前側、裏側、お尻の筋肉等をバランスよく鍛えられるエクササイズです。太ももの筋肉は体の中で最も大きいので、鍛えると基礎代謝がアップして痩せやすくなります。

1

背筋を伸ばして立った後、片足を1.5〜2歩分ほど前に出します。

2

膝が90度程度になるまで、上体を下げます。この時膝をつま先より前に出さないように気をつけてください。前足のかかとで床を蹴るようにして元に戻ります。

美脚エクササイズ（スクワット）

基本セット

10回
×
1〜3セット

太ももやお尻に加え、ふくらはぎや背中の筋肉も鍛えられるエクササイズです。太ももの前の筋肉を鍛えると、膝の上の肉のたるみも予防できます。

1

両脚を肩幅の1.5倍程度に開いて立ちます。膝とつま先は、必ず外側に向けてください。

2

膝が内側に入らないように気をつけてゆっくり腰を落としていきます。この時、かかとに重心をかけてお尻を突き出すようにするのが、ポイントです。お尻を膝の高さまで落としたら、ゆっくり腰を持ち上げます。

ヒップアップのためのエクササイズ

キュッと上がったヒップになると、太ももとの境目がはっきりするので、脚も長く見えるように。またお尻の筋肉を鍛えると骨盤も安定するので、歪みの少ない身体になれます。

バックキック

A-2（4種類）
シェイプアップ

お尻の大殿筋や太もも裏、腰などの筋肉を鍛えられるエクササイズです。お尻の形がいびつな人やお尻のセルライトが気になる人にもおすすめです。

10回
×
1～3セット

1
脚を腰幅程度に開いて、四つん這いになります。

2
足の裏を真上に向けて、脚を上げます。両脚とも膝が90度に曲げるように気をつけましょう。

ヒップリフト

1
仰向けになって
膝を立てます。脚は腰幅と
同じくらいに
広げてください。

10回
×
1〜3セット

A-2（4種類）
シェイプアップ

C 腰痛改善

D 膝痛改善

軽めのエクササイズなので、血管ストレッチ加圧を始めたばかりの方にもおすすめです。太ももの筋肉も同時に鍛えることができるので、腰や膝への負担が軽減されます。

2
お尻に力を入れながら
お尻を持ち上げていきます。
腰を反らさず、背中が
真っすぐになるように
注意しましょう。

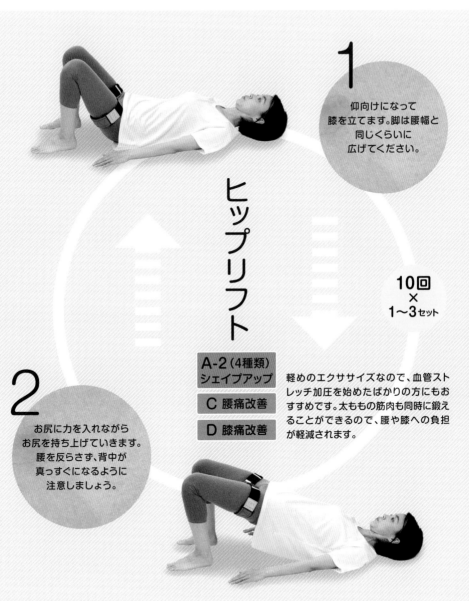

体幹の
エクササイズ

体幹とは、体の中心となる部分のこと。具体的には、
お腹まわりや背中、腰まわりなど胴体の中心部分にあたります。
体幹が衰えると、体型が崩れるだけでなく、疲れやすさなどの
不調がでることも。血管ストレッチ加圧で
体幹を鍛えれば、基礎代謝がアップし、姿勢もよくなり、
見た目年齢もグッと若くなります。
体幹のエクササイズを行う時は、
脚のつけ根にベルトを巻いてください。
血流を制限しているため、短時間で効率的に
体幹を鍛えることができます。

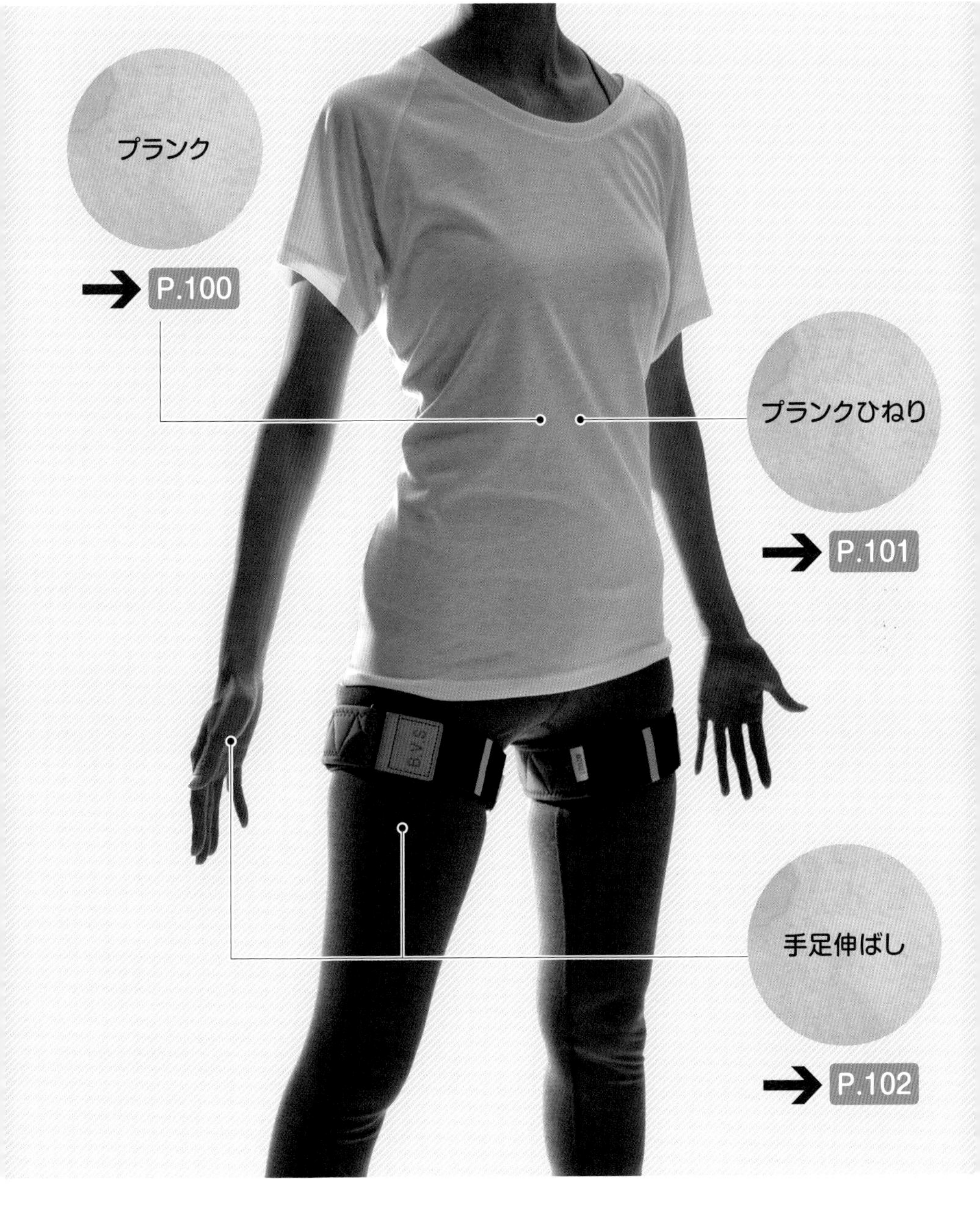

プランク
P.100
プランクひねり
P.101
手足伸ばし
P.102

プランク

30秒
×
1セット

シンプルなエクササイズですが、効率的に体幹を鍛えることができます。続けるうちに、お腹まわりがすっきりしてきます。最初は短い秒数から始めて、慣れてきたら少しずつ時間を増やしてもいいでしょう。

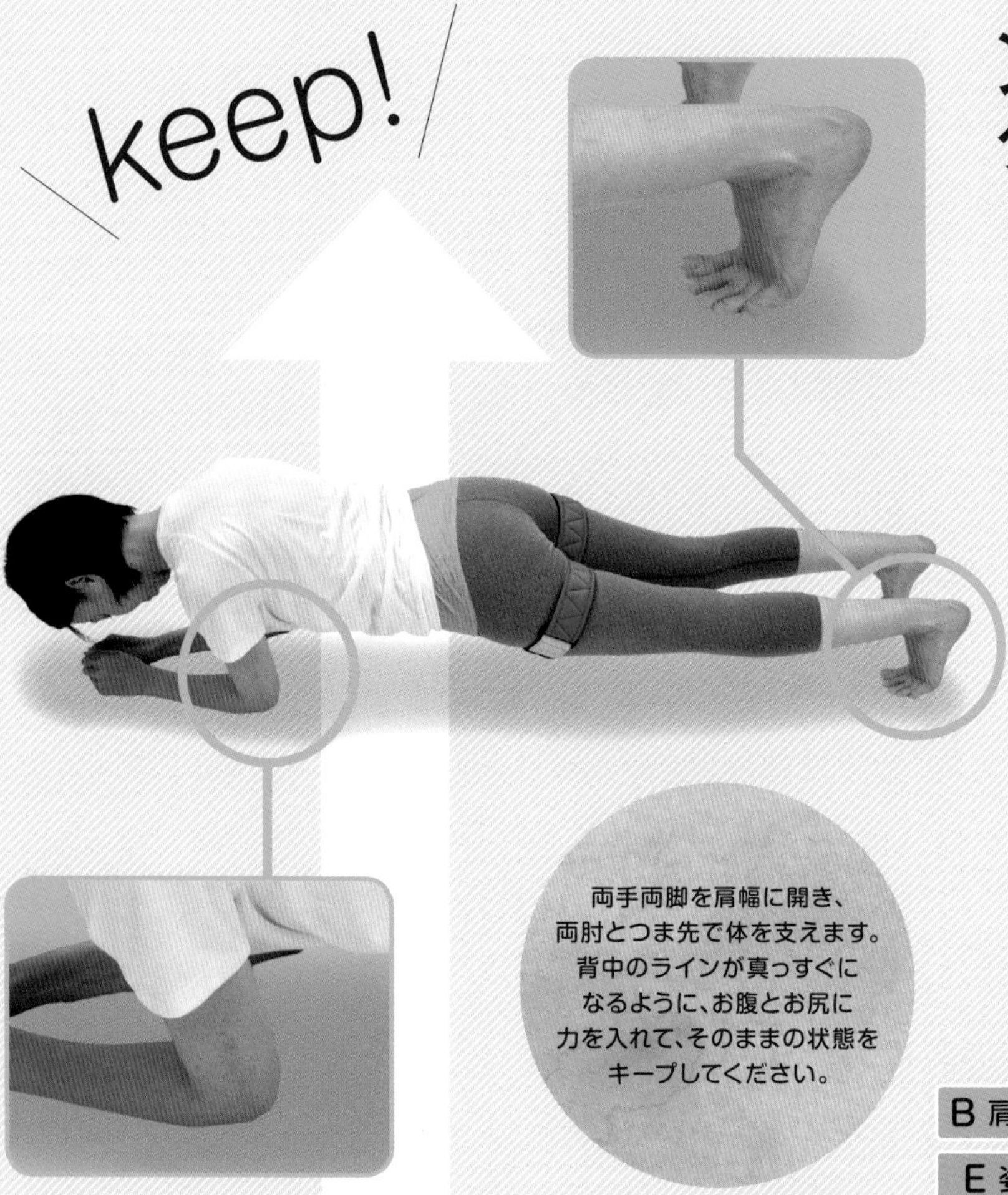

両手両脚を肩幅に開き、
両肘とつま先で体を支えます。
背中のラインが真っすぐに
なるように、お腹とお尻に
力を入れて、そのままの状態を
キープしてください。

B 肩こり改善

E 姿勢改善

プランクひねり

プランクに腰をひねる動きを加え、脇腹の筋肉を鍛えるエクササイズです。くびれ効果がより高まります。難易度が高めのエクササイズなので、プランクに慣れてきたら取り入れるようにしてください。

10回
×
1〜3セット

1

両肘と
つま先で体を支え、
プランクの姿勢に
なります。

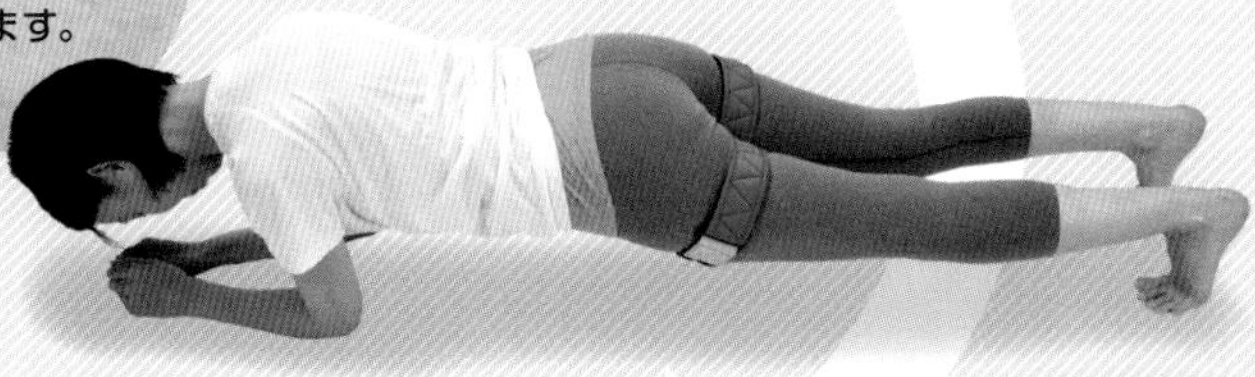

2

お尻を少し
持ち上げ、お尻が
床に着くまで片側に
ひねります。

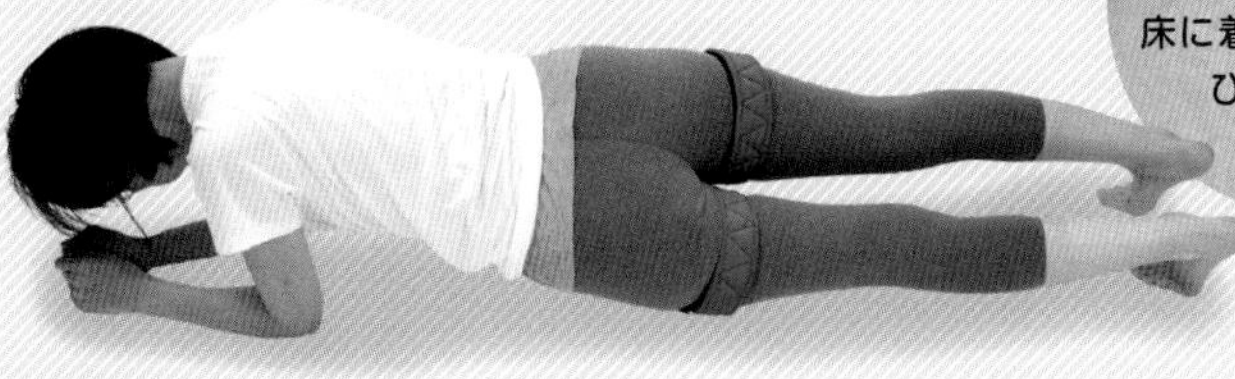

3

反対側にも同じ
ようにひねります。

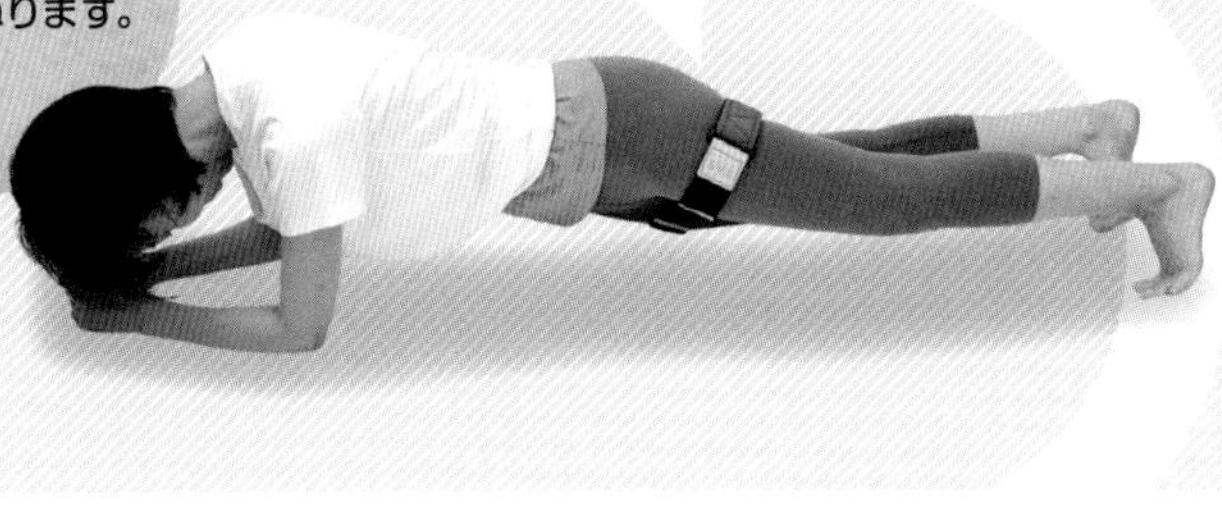

A-2（4種類）
シェイプアップ

手足クロス伸ばし

お腹まわり、腰まわり、背中など、体幹をトータルに鍛えるエクササイズです。手足を伸ばしたときに、ぐらつかないバランス能力を鍛えるエクササイズです。

右10回
左10回

1

左手と右脚を真っすぐ伸ばします。お腹とお尻に力を入れて、腰がそらないようになるように気をつけてください。

2

両手両脚を肩幅に開いて、四つん這いになります。左手と右脚を肘と膝がぶつかるまで引き寄せます。

E 姿勢改善

歯を磨くように毎日エクササイズ

弱圧で
30分
まで

血管ストレッチ加圧は日常生活の中に自然に組み込みやすいエクササイズです。例えば散歩や家事をする時にベルトを巻けば、それだけでトレーニングになります。

ベルトを巻いて、
散歩やウォーキングを
すれば、実際に歩いた距離の
何倍もトレーニング効果が
生まれます。1週間に2回は
ウォーキングを
行いましょう。

毎日の家事も、
ぜひベルトを巻いて。
エクササイズをしながら
家事をする
「ながらトレーニング」で
時間が有効に使えます。

ボディコンディショニング「テニスボールの全自動マッサージ器」

肩こりや腰痛、体が重い。そんな時におすすめなのが、簡単にできるボディコンディショニングです。用意するのは、テニスポール2個だけ。適度な弾力と硬さがあるので、コリをほぐすのに最適です。全部自分が動くので、名付けて「テニスボールの全自動マッサージ器」。血行がよくなるので、肩こりや腰痛も改善されます。

仰向けに寝て、両肩の下にテニスボールをおきます。肩甲骨と背骨の間の筋肉をほぐしながら、身体は上へ、ボールは下へ移動します。

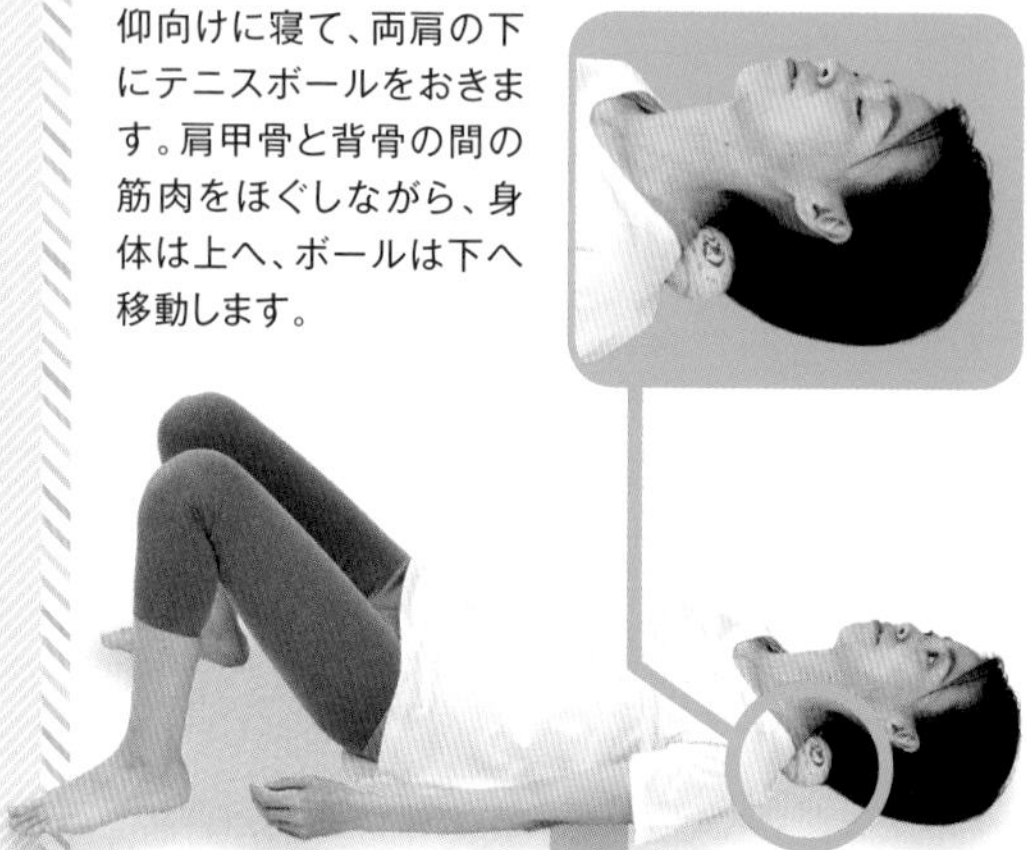

テニスボールを腰の下に移動し、身体の下でテニスボールを動かし、左右の臀筋（ヒップ）にボールを当て、コリを感じたら気持ちいい程度に押圧してください。

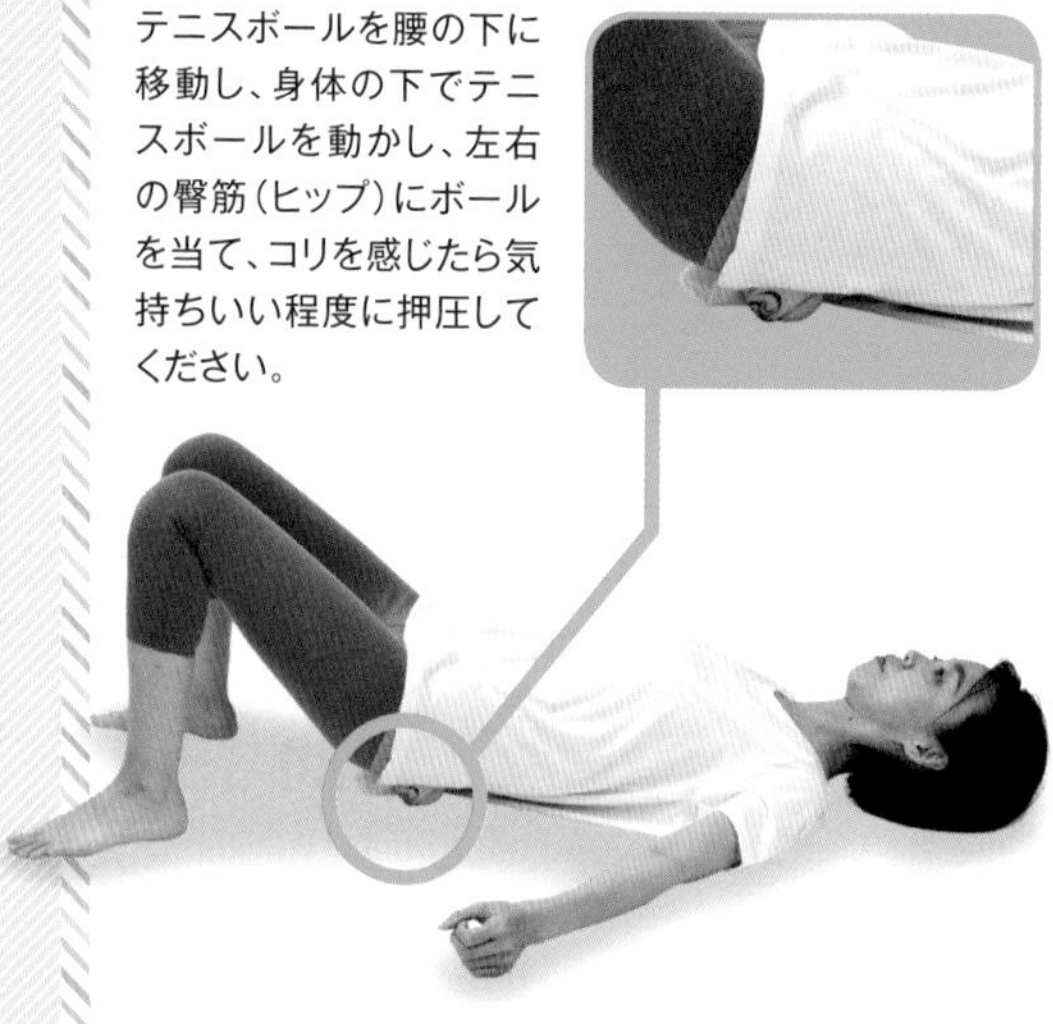

4

血管ストレッチ加圧の効果を高める食事法

How to eat to increase
the effectiveness
of Blood vessel
stretching pressures

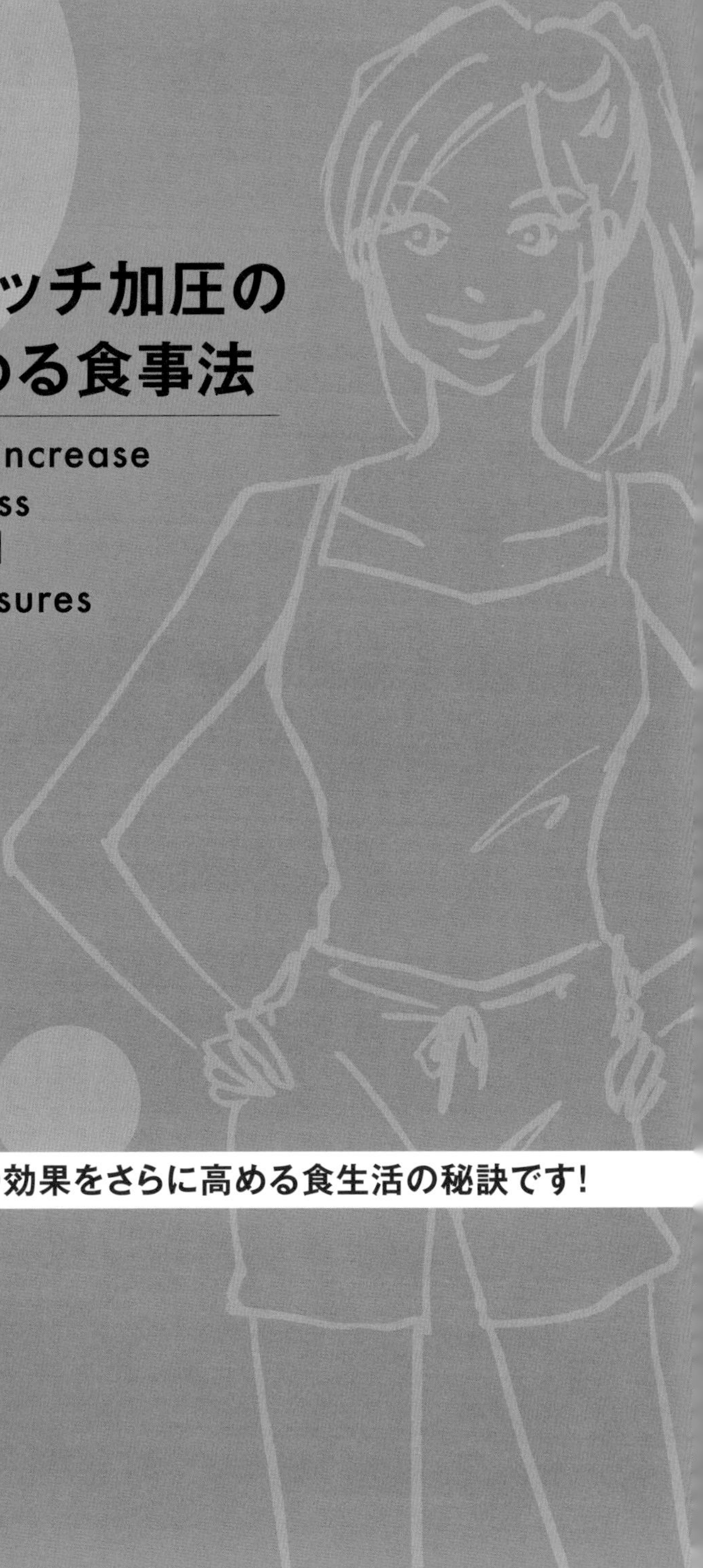

エクササイズの効果をさらに高める食生活の秘訣です!

大事なのはカロリーだけじゃない！血糖値を上げない食べ方の秘訣

食事のカロリーを気にしている人は多いもの。しかし太らないためには、もうひとつ重要なポイントがあります。それは、食品ごとに異なる血糖値の上昇率です。血糖値を上げにくい食べ方は、シェイプアップだけでなく血管の若さを守るためにも役立ちます。

血液中の過剰な糖が脂肪に変わる

糖質の多い食事をすると、血液中の血糖値が上昇します。血液中の糖のうち必要な分は血液によって全身に送られますが、過剰な糖は脂肪に変わり、皮下脂肪や内臓脂肪に蓄積されます。これが食べ過ぎによって太るメカニズムです。

さらに体内への糖の取り込みにも限界があるため、過剰な糖は血液中に残りやすくなります。つまりこれが血糖値の高い状態。血糖値の高い状態が続くと、血液中の糖は血管にダメージを与えてしまいます。

ダイエットのためにも、血管を老化させないためにも、食後の血糖値ができるだけ上がりにくい食品を選び、そして血糖値を上げにくい食べ方を心がけましょう。

色が濃い食品を選ぶ

血糖値が上がりやすいのは、すぐエネルギーになりやすいご飯やパン、果物、砂糖など糖質が多い食品です。さらに同じ糖質の中でも、血糖値を上げやすいものと、上げにくいものがあります。

その指標となるのが、GI値（グリセミックインデックス）という数値。GI値とは、食後血糖値の上昇度を示す指数のことで、小さければ小さいほど血糖値を上昇させにくく、大きければ大きいほど血糖値を上げやすい食品です。GI値は、55までが「低い」、56~69までが「中」、70以上が「高い」と分類されています。

GI値が高い食品の代表は、白いご飯や白い

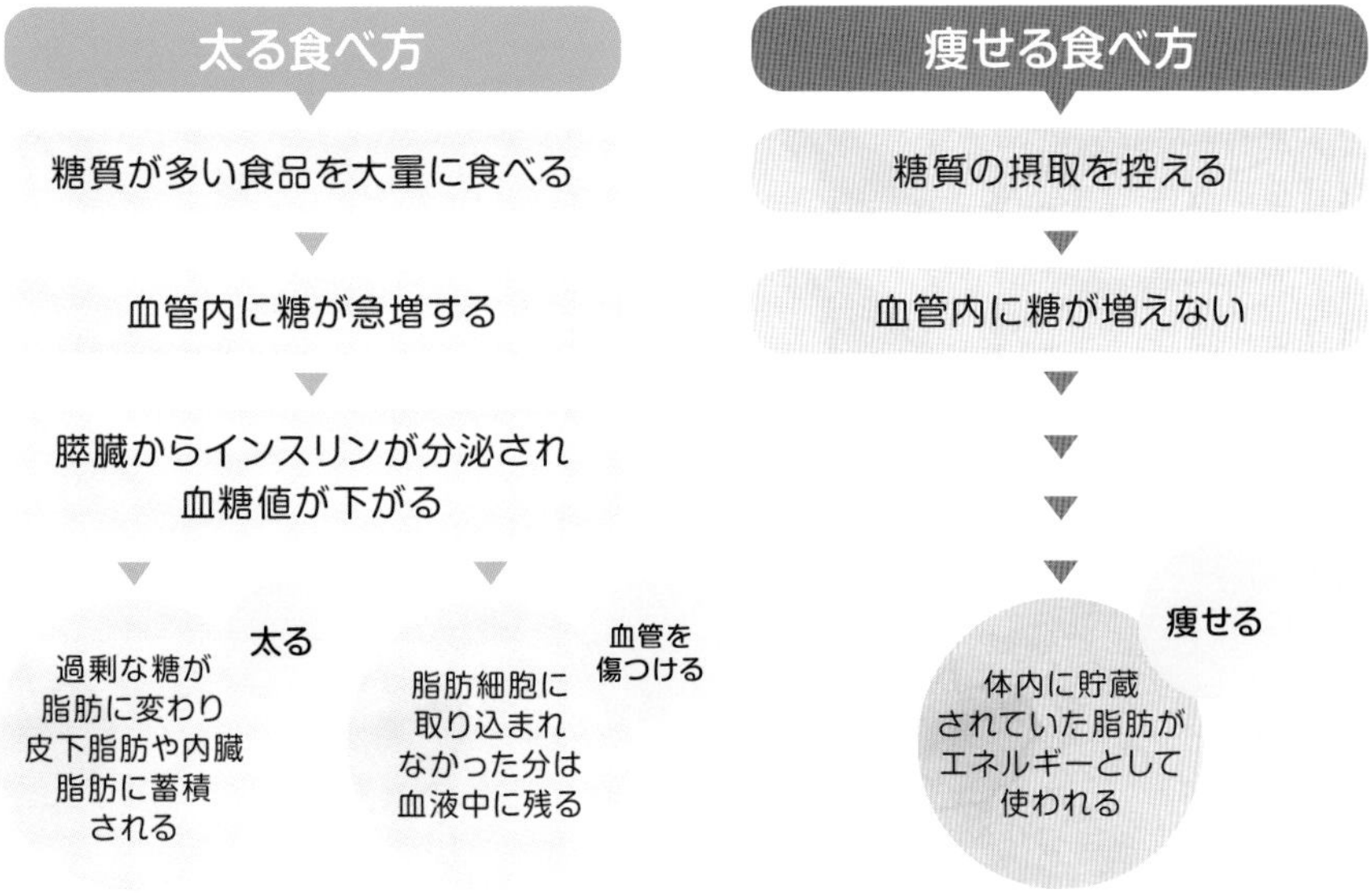

痩せる食べ方
糖質の摂取を控える
血管内に糖が増えない
痩せる
体内に貯蔵
されていた脂肪が
エネルギーとして
使われる
太る食べ方
糖質が多い食品を大量に食べる
血管内に糖が急増する
膵臓からインスリンが分泌され
血糖値が下がる
太る
過剰な糖が
脂肪に変わり
皮下脂肪や内臓
脂肪に蓄積
される
血管を
傷つける
脂肪細胞に
取り込まれ
なかった分は
血液中に残る

パン、うどんなどです。食事から摂るとすぐに糖に変わって血液中に入り、あっという間に血糖値を上げてしまいます。また野菜にもカボチャやトウモロコシなどGI値が高いものがあるので食べ過ぎには気をつけてください。

逆に主食でGI値が低いのは、玄米、全粒粉パン、蕎麦などです。ゆっくりとエネルギーになるため、血糖値を上げにくい食品です。葉物野菜やキノコ類もGI値が低いので、積極的に摂るようにしましょう。

主食になる炭水化物では色が白い食品はGI値が高く、濃い色の食品はGI値が低いという特徴があります。どちらを選ぶか迷った時は、「色の濃いものを食べる」と覚えておくといいでしょう。

食べる順番を工夫する

同じメニューを食べる場合でも、食べる順

血糖値を上げない食品の選び方

低GI値 ○		高GI値 ×
玄 米	ご 飯	白 米
ライ麦パン・全粒粉パン	パ ン	白いパン
蕎 麦	麺	うどん・パスタ・ラーメン
葉物野菜・きのこ類・ピーマン 大豆・ブロッコリー	野 菜	人参・かぼちゃ・じゃがいも とうもろこし
りんご・いちご	果 物	バナナ・パイナップル
焼酎・ウイスキー	アルコール	ビール・日本酒

番によって血糖値の上がり方は変わってくると言われています。そのメカニズムに注目した「食べる順番ダイエット」という食べ方もあります。これは、ご飯やパンよりも、野菜や肉類、魚類などを先に食べるというダイエット法で、血糖値の上昇を抑えることで、脂肪の蓄積を防ぐ方法です。特に食べてはいけない食品もなく、面倒なカロリー計算なども必要ありません。

野菜→タンパク質→炭水化物の順で

最初に野菜のおかずを食べます。食物繊維が豊富な野菜を食べることで、脂肪の吸収も抑えることができます。次に肉や魚などタンパク質のおかずを食べます。そして最後にご飯やパンなどの炭水化物を食べます。この順番で食べると、血糖値を上げやすい炭水化物の量自体を減らすこともできます。

Maeda's column

食材選びは「まごわやさしい」

和食の基本となる食材の頭文字をとった「まごわやさしい」という言葉があります。「ま」は豆類のことで、大豆や味噌、豆腐、納豆などが含まれます。「ご」はごまやナッツ類です。「わ」はわかめ、ひじき、もずくなどの海藻類を指し、「や」は野菜です。「さ」は魚、「し」はしいたけなどのきのこ類、「い」はさつまいも、さといもなどのイモ類です。

「まごわやさしい」の食材を意識しながら和食中心の食生活に変えていくと、血糖値を上げず、脂質を抑えながらビタミン、カルシウム、食物繊維などを豊富に摂取することができます。

筋肉量アップに、ダイエットにタンパク質の効率的な摂り方を知っておく

タンパク質は三大栄養素の1つ。私達の体の中で常に分解や合成を繰り返し、筋肉や血管、臓器など身体のあらゆる組織を作っています。ですからタンパク質が不足すると、いくら頑張って運動をしても、筋肉量は増えません。またダイエット成功のためには、消費エネルギーを稼いでくれる筋肉量を増やして基礎代謝を上げることが大切です。引き締まったカラダを作るためには、タンパク質の多い食事は不可欠。効率的な摂り方を理解しておきましょう。

一日に必要なタンパク質の量は？

1日に必要なタンパク質の量は、体重1kgあたり1～2gと言われています。体重が60kgの人なら60～120gが理想です。また年齢とともに消化吸収力も落ちてくることが多いので、中高年以降は多めに摂ることをおすすめします。

「肉を120g程度なら食べるのが簡単だ」と思う人もいるかもしれません。これは間違いです。肉や魚、卵、大豆製品などには、タンパク質以外の成分も含まれてい

るので、100gのステーキを食べてもタンパク質を100g摂ったことにはなりません。タンパク質を豊富に含んでいる食品でも、総量の3分の1〜4分の1程度です。例えば1日に60gのタンパク質を摂るためには、鶏ささみ100g（2本位）、牛もも肉100g、まぐろ100g（刺身なら7〜8切れ位）程度を食べる必要があります。

また、タンパク質は一度にたくさん食べても身体の中に貯めておくことはできません。毎食20〜30gのタンパク質を摂るようにするのがベストです。

タンパク質含有量の多い食材は？

食事から摂るタンパク質には「動物性タンパク質」と「植物性タンパク質」があります。「動物性タンパク質」は、肉、魚、卵、チーズ、牛乳などに含まれています。「植物性タンパ

タンパク質をしっかり摂取するためのコツ

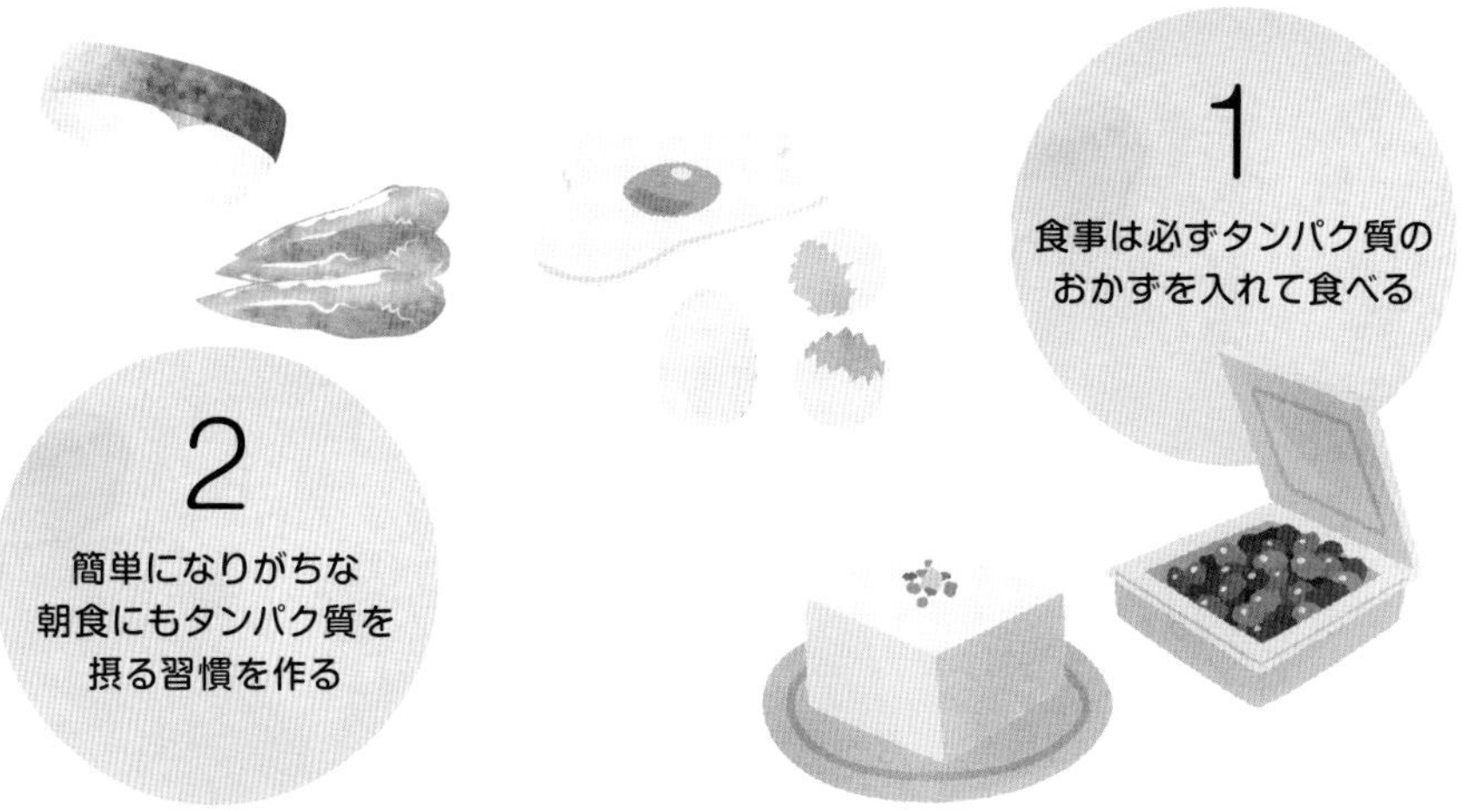
1
食事は必ずタンパク質のおかずを入れて食べる
2
簡単になりがちな朝食にもタンパク質を摂る習慣を作る

ク質」は、豆腐や納豆、豆乳などの大豆製品や豆類に含まれています。

この2種類を比べるとタンパク質含有量が多いのは「動物性タンパク質」を含んでいる食品です。例えば良質な肉類には100gあたり約20gが含まれています。しかし豆腐の場合は、100gあたり5~7g程度のタンパク質しか摂ることができません。豆腐は1丁が300~350gのものが一般的なので、「植物性タンパク質」だけでタンパク質の必要量を満たすのは困難です。

さらに体内での吸収率も「動物性タンパク質」が約9割、「植物性タンパク質」は約4割と言われています。タンパク質をしっかり摂るためには、肉、魚、卵、乳製品などを積極的に摂るように心がけてください。

注意したいのは、ハムやソーセージ、かまぼこ、さつま揚げなどの加工食品。原料に肉

タンパク質をしっかり摂取するためのコツ

3
豆乳やヨーグルトなどをうまく利用する
YOGURT
SOY MILK
4
間食はお菓子より脂質の少ないチーズやナッツ

や魚などが使われていても、製造過程で血糖値を上昇させやすい糖質がつなぎに使われています。

肉や魚には、タンパク質以外にも大切な栄養素が含まれています。例えば牛肉なら貧血を防ぐ鉄分、豚肉なら糖質代謝に関わるビタミンB1、乳製品なら骨を丈夫にするカルシウム、青魚なら悪玉コレステロールを減少させる不飽和脂肪酸など、どれも人間の身体にはなくてはならないものばかりです。特定の食品だけに片寄らないように気をつけて、様々な食品をバランスよく摂ることをおすすめします。

ダイエットしたいから痩せたいからと、野菜サラダばかりを食べている人がいます。しかしそれでは綺麗に痩せることはできません。ダイエット中こそタンパク質が不足しないように注意しましょう。

タンパク質摂取でトリプトファンをチャージ

肉や魚、卵、乳製品、大豆製品などタンパク質が豊富な食品には、トリプトファンというアミノ酸が含まれています。

このトリプトファンは、体内で幸せホルモンと呼ばれるセロトニンやメラトニンなどのホルモンとなり、ストレスを和らげたり体内時計を調節する働きがあると言われています。トリプトファンは体内で合成できないので、食事から摂らなければなりません。

最近よく眠れない、イライラしやすいという人は、毎日の食事を見直してみましょう。もしかしたらタンパク質が不足しているのかもしれません。

タンパク質をしっかり摂ることでトリプトファンをチャージできれば、メンタルにもいい影響がありそうです。

シワやたるみが多い人ほど進んでいる？老化の原因になる「糖化」

最近話題の「糖化」。テレビや雑誌などでも取り上げられることが増えてきたので、耳にしたことがある人も多いのではないでしょうか。

「糖化」とは、タンパク質と糖が結合することでタンパク質が変性すること。そしてこの「糖化」により生まれた物質は「ＡＧＥ（終末糖化産物）」と呼ばれています。「ＡＧＥ」には強い毒性があり、全身の老化を進め、老化に深刻な影響を与えます。しかも一度「糖化」し「ＡＧＥ」となったタンパク質は、元に戻ることはほとんどありません。そして「糖化」した細胞の機能が低下するだけでなく、まわりの正常な細胞も攻撃してしまうのです。

糖とタンパク質の結合には、わかりやすい例があります。こんがり焼けたホットケーキを思い浮かべてください。食欲をそそる表面のきつね色、実はあれが「糖化」です。ホットケーキの材料は、卵や牛乳などのタンパク質と小麦粉や砂糖などの糖です。フライパンの上で加熱されてタンパク質と糖が結びつき、「糖化」したというわけなのです。

糖化とは

体内では

血管の中の余分な糖 ＋ タンパク質

↓ 体温

糖化反応

＼AGE(終末糖化産物)ができる／

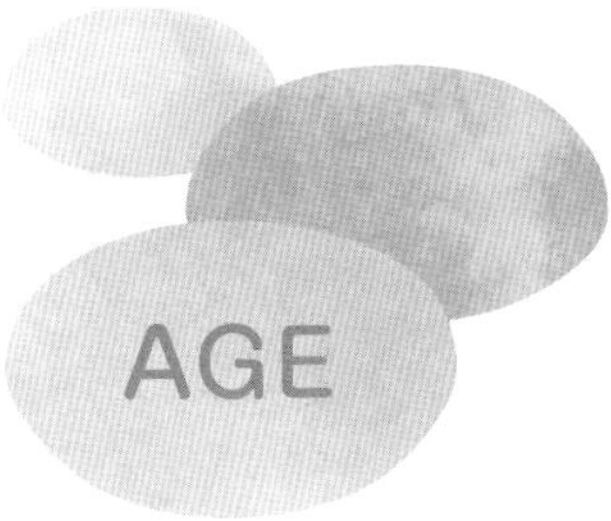

ホットケーキの場合

小麦粉・砂糖（糖） ＋ 卵・牛乳（タンパク質）

↓ フライパンで加熱

糖化反応

＼こんがりとした焼き目ができる／

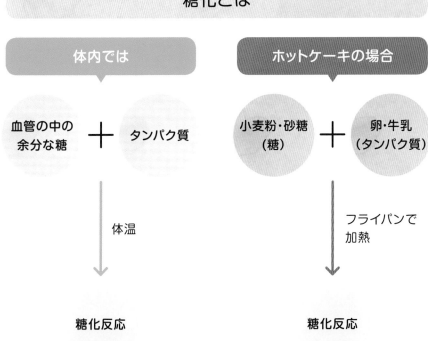

人間の体内は、「糖化」が起きる絶好の環境

「糖化」反応が起きるには、3つの条件が必要です。それは、タンパク質と糖、加熱。この3つの条件がそろえば、どこでも起きます。人間の身体はタンパク質でできていて、血液中には食事から摂取した糖分があります。そして体温は36~37℃。「糖化」反応が起きるには、絶好の環境なのです。

この「糖化」の影響を大きく受けるのが血管です。血管の細胞にはコラーゲンが含まれているのですが、血管にしなやかな弾力があるのはこのコラーゲンがあるため。コラーゲンはタンパク質ですから、血液中に糖が多い状態が続くと「糖化」反応が起こりやすくなり、血管が「AGE化」することに。血管は硬くなり、しなやかさを失ってしまいます。その結果、全身に血液を送る働きが衰え、老化が進みやすくなると言われています。血管

糖化による身体への影響（健康）

- 高血圧
- 糖尿病
- 動脈硬化
- 血管の老化
- 認知症
- 骨粗鬆症

ストレッチ加圧には血管の老化を防ぐ効果が期待できるので、「糖化」対策としてもおすすめです。

また「糖化」は、皮膚の老化にも深い関係があることがわかっています。皮膚は体内でコラーゲンが最も多い場所の1つ。水分を除いた約70%がコラーゲンです。コラーゲンは皮膚をみずみずしく保つ大切な成分ですが、このコラーゲンに「糖化」が起きると、弾力を失いシワやたるみが目立つようになってしまいます。

コラーゲンは本来透明ですが、「糖化」すると黄色や茶褐色に変色します。もし皮膚が黄色くくすんでいるように感じたら、体内での「糖化」のサインかもしれません。

同じ年齢でも若く見える人もいれば、年上に見える人もいます。その違いも「糖化」が進んでいるかどうかで決まると言われています。

糖化による身体への影響（美容）

若さは毎日の食事で差がつく！「ＡＧＥ」をためない食べ方の工夫

「糖化」が老化の原因になることを知ると、自分の身体でどのくらい「糖化」が進んでいるのか、どれだけ「ＡＧＥ」が蓄積しているのか気になりますよね。

食生活や生活習慣などで「ＡＧＥ」の蓄積量は変わってきますが、たまりやすさには個人差もあるそうです。また体内の「ＡＧＥ」がどれくらい健康に影響を与えるかも人によって違います。

一般的に脂肪の量と「ＡＧＥ」の蓄積量には相関関係が見られ、内臓脂肪の多い人ほど、「ＡＧＥ」も多く「糖化」が進んでいると言われています。ですから血管ストレッチ加圧を続けて内臓脂肪を減らせば、「糖化」を防ぐ効果も期待できます。

「ＡＧＥ」は、体内で生成されるだけでなく、私達が何気なく口にしている食品にも多く含まれています。「ＡＧＥ」が多い食事を続けていると、年齢よりも老けた印象になってしまいます。逆にあまり摂らないよう気をつければ、若さと健康を守ることができます。

毎日の食事で「ＡＧＥ」をためない工夫を知っておきましょう。

1 ファーストフードはできるだけ避ける

ファーストフード店では高温の油が使われているため、調理の過程で「AGE」が大幅に増加すると言われています。ハンバーガーやフライドポテトなどを頻繁に食べる人は、同じ年齢の人よりも老化が進んでいるかもしれません。

2 清涼飲料水にも注意

体内の「AGE」を増やすのは、食べ物だけではありません。清涼飲料水を飲む前には、まず成分表示を確認してください。「ブドウ糖果糖液糖」や「果糖ブドウ糖液」と記載されていないでしょうか。この人工甘味料は、摂取すると血糖値が急上昇します。そのため通常のブドウ糖の約10倍以上の速さで「AGE」を作ると言われています。

3 炭水化物の重ね食べは避ける

「血糖値を急上昇させるもの」＝「AGEを多量に生成させるもの」です。代表的なのが、炭水化物の重ね食べです。例えば、ラーメンと炒飯、丼物とうどんなど、ランチでついそんなセットメニューを選んでいませんか。手軽に食べられるメニューに「糖化」を進めるものが多いので、気をつけましょう。

4 焦げ目のあるものを食べ過ぎない

唐揚げ、コロッケなどキツネ色の揚げ物、
焼き魚、ステーキ、焼き肉などの焦げ目にも
「AGE」が多く含まれています。
香ばしく焦げた料理は食欲をそそりますが、
食べ過ぎには気をつけましょう。
揚げ物には、レモンや柚子などを絞ると、
「AGE」を減らせます。

5 お酒はほどほどに

「アセトアルデヒド」はお酒を飲んだ時、
アルコールが体内で
分解されて作られる物質です。
このアセトアルデヒドはタンパク質と
結合して「AGE」を作り出します。
だからお酒を飲む機会が多い人ほど
「糖化」が進みやすくなって
しまいます。

6 「糖化」を防ぐ成分を含んだ食品を積極的に摂る

ほうれん草や人参などの緑黄色野菜に
多く含まれるαリポ酸や、ブロッコリーの芯に
豊富なスルフォラファンには
「糖化」を抑制し「AGE」の蓄積を
防ぐ働きがあると言われています。
緑黄色野菜は毎日欠かさず
摂るようにしましょう。

7 「AGE」の量は調理法で変わる

同じ食材でも調理法によって「AGE」の量は
変わってきます。高温で調理するほど、
「AGE」の量は増えると言われています。
例えば鶏肉の場合なら最も「AGE」が少ないのは、
鍋物や蒸し鶏にした場合です。焼き鳥にすると鍋物の約6倍、
唐揚げにすると「AGE」の量が約10倍に増えてしまうと
言われています。できるだけ体内に「AGE」を溜めない
ためには、生で食べられる食材は生で食べるのがベストです。
加熱の必要がある場合は、「蒸す」「茹でる」「煮る」などの
調理法が「AGE」を作りにくいと言われています。
高温になる「焼く」「揚げる」は、
「糖化」を進めてしまうのでできるだけ
避けるようにしましょう。

Maeda's column

電子レンジは「AGE」を増やす

時間がない朝、食事の準備にチーン、仕事から帰って慌ただしく夕食の準備にチーン。ほとんどの人が1日に何度も電子レンジを使っているのではないでしょうか。

　電子レンジは忙しい現代人の強い味方ですが、特にあたため機能は「AGE」を大幅に増やしてしまうと言われています。電子レンジで加熱しても、フライパンなどで焼いた時のように焦げ目や焼き色はつきません。しかし食品が大変高温になるため、加熱時間が長いほど、「AGE」が増えることになります。

あんなに食べたのに「別腹」があるのはなぜ？強いメンタルで太らない身体を目指す！

食事でお腹がいっぱいになっていてもデザートが出てくると食べたくなる……。「甘いものは別腹だから」と言う女性が多いようです。これは実は脳が原因で起きていることなのです。

人間の脳は、約60％が脂肪でできていると言われています。脂肪と言うとお腹まわりやお尻などを思い浮かべる人も多いでしょうが、身体の中で最も脂肪が多いのは脳。脳はいわば肥満体なのです。

肥満体の脳が「別腹」を作り出す

脳は糖分や脂を欲しがります。甘いケーキなどが出てくると「もっと食べろ食べろ」と指令を出します。指令を受けた胃は内容物を小腸に送り出し、デザート用のスペースを作り出すと言われています。これがまさに「別腹」ができるメカニズムなのです。

本来ならば食後は血糖値が高くなっているため、満腹中枢が働いているはずです。しかし美味しそうなものを見てしまうと、視覚から脳へと伝達されるため、指令が出されることになります。

実際は満腹でも脳が食べたいと判断すると「別腹」ができる――脂肪が60％の脳にとって糖と脂は大好物なわけですから当然のことです。例えば勉強やデスクワークなどで疲れた時、甘いチョコレートが欲しくなった経験はないでしょうか。これは脳が仕事をしたことで空腹になったサインです。

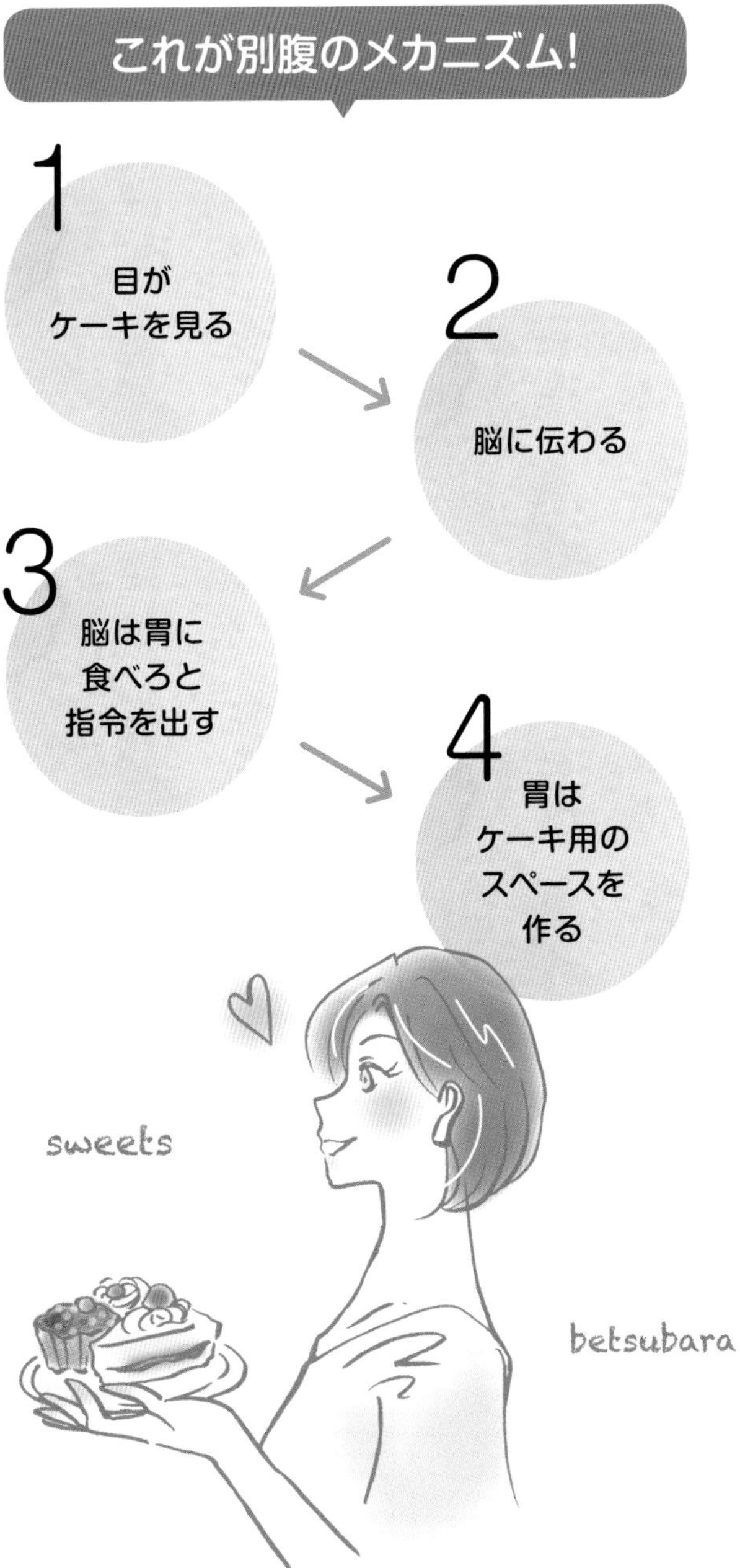
これが別腹のメカニズム!
1
目が
ケーキを見る
2
脳に伝わる
3
脳は胃に
食べろと
指令を出す
4
胃は
ケーキ用の
スペースを
作る
sweets
betsubara

脳に負けずにダイエットを成功させるには？

しかし、いつもいつも脳の指令のままに食べていては太ってしまうだけでなく、血液中に糖分が多い状態が続くことで血管の老化も進んでしまいます。いかに脳に負けないか、どのようにして脳をうまくコントロールするかがダイエットに成功するための秘訣です。

1人の人間の中には、A、B、Cの3種類の人格が存在しているという説があります。Aはメンタル、Bは脳、Cは腸です。

太らないためにはAが一番でなければなりません。BはAに「ケーキを食べろ」「甘いパンを食べろ」と言ってきます。しかしここで負けてはいけません。Bの力が優勢になると、胃に「別腹」ができてしまいます。太らないためには、Aのメンタルが非常に重要になります。

Cの腸もまた別の人格を持っています。普

段は善玉菌、悪玉菌、日和見菌がバランスよく存在し腸内環境を作り出しています。そしてもし身体にとって有害なものが入ってきた場合は、腸は脳の指令を待つことなく排出します。つまり下痢です。異物だと腸自身が判断しているわけです。人間の胎児の身体は、まず腸から作られます。これは腸の働きが人間が生きていく上で欠かせないものだからでしょう。

血管ストレッチ加圧は、血管を若返らせることで、メンタル、脳、腸のすべてによい影響を与えると言われています。血行がよくなると幸せホルモンと呼ばれるセロトニンの分泌が促進され、前向きな考え方になります。また脳の血流も改善されるので、認知症の予防効果も期待されています。さらに便秘も解消されるので腸内環境もよくなり、ポッコリお腹も目立たなくなります。

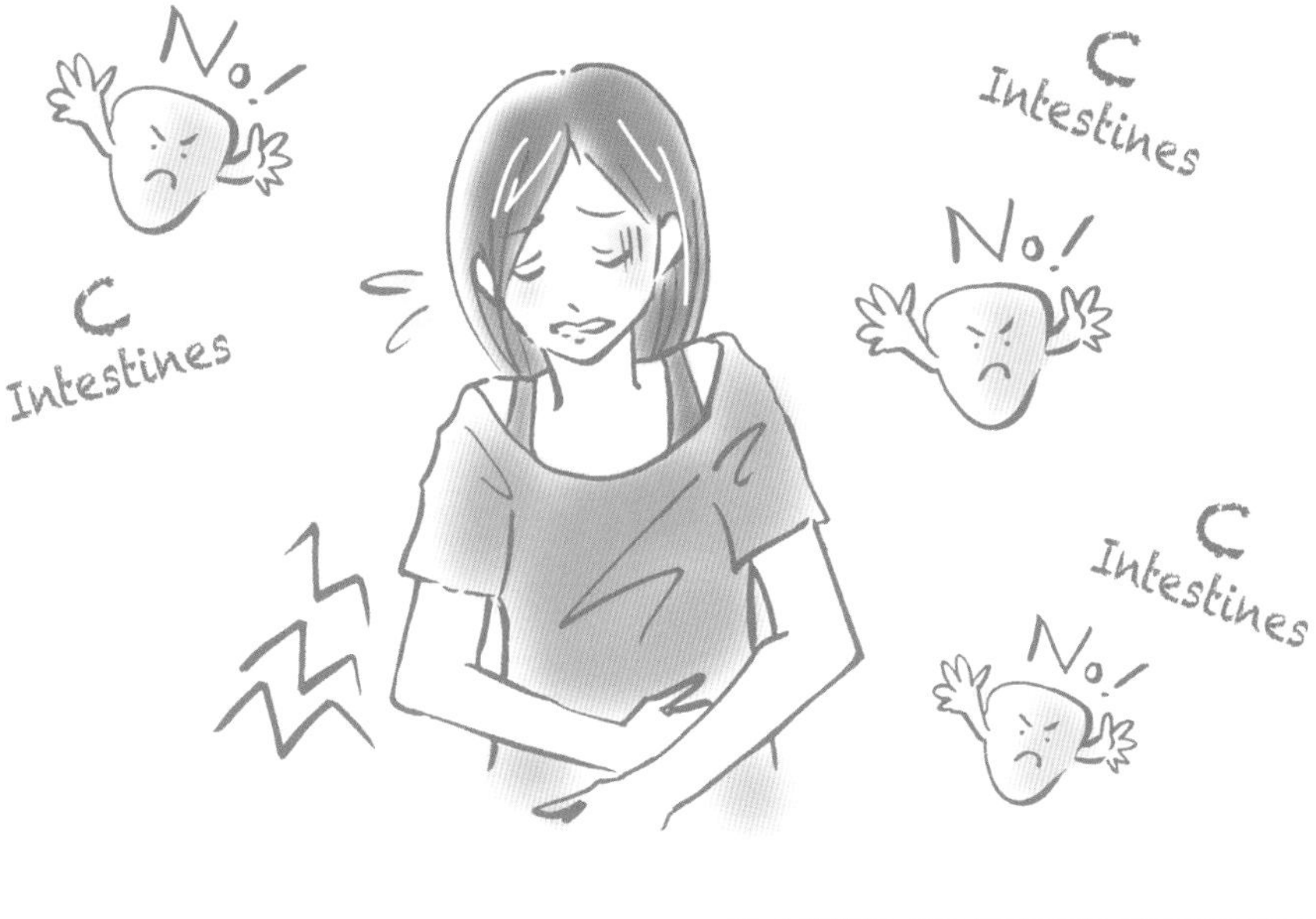

おわりに

本書を最後まで読んでいただき、ありがとうございます。

「健康維持」とは、運動・食事・睡眠をバランスよく摂り、骨格、関節、皮膚、筋膜、ホルモン、心（精神）の一つ一つが正しい状態であるということです。その全ての根幹は「血管」であり、健康と若さを維持するためには、血管全体の90％にあたる毛細血管の弾力を常に維持する「血流」が最重要です。

毎日の加圧エクササイズで、健康維持し体温を上昇させ免疫力をアップしてほしい。時間がない人にも、太りにくいカラダになり、ボディメイクを続けてほしい。

本書には、そんな願いをこめました。

私は、スポーツクラブの経営と、スポーツトレーナー歴が今年で25年目になります。年間3000名以上ものクライアント様が、病気知らずで、免疫力が上がり風邪を引きにくくなり、若返っていくという過程を目の前で見てきました。

すべての方におすすめできるこの簡単な「血管ストレッチ加圧エクササイズ」を継続していただき、皆様が健康で、幸せな毎日を送っていただけることを願っています。

本書が皆様の健康と美容にどうか役立ちますように。

最後に、東京西東京市にある私のジム『スタジオ　コアライン』の沢山の会員様、スタッフ、関係者の方々、そして、めでぃあ森の森恵子社長と沢山の方々の多大なご協力によりこの書籍を出版できましたことに感謝と御礼を申し上げます。

一般社団法人　日本血管ストレッチ協会　代表理事

フィジカルエリート株式会社　代表取締役　前田隆雄

著者紹介

前田 隆雄（まえだ たかお）

フィジカルエリート株式会社 代表取締役
一般社団法人 日本血管ストレッチ協会 代表理事
パーソナルトレーニング「加圧スタジオ コアライン」代表
1964年東京生まれ。スポーツクラブ代表経営歴25年。
大学卒業後、大手商社で輸出入の営業を8年経験後、31歳の時に不動産業の父が経営する大型スポーツクラブの支配人に就任。10年で2000名にまで会員数を伸ばした。40歳を過ぎて高齢化社会には個人に合ったトレーニング法が必要と実感。
2007年に東洋カイロプラクティック・加圧トレーニングのスタジオを夫婦で創業。
2015年から総合健康スタジオ フィジカルエリート（株）「加圧スタジオ コアライン」を設立。
2020年6月オンラインエクササイズに特化した「一般社団法人 日本血管ストレッチ協会」を設立。
現在も年間3600レッスンを超えるパーソナルエクササイズを指導する。

1日15分の加圧エクササイズで痩せる・若返る
魔法の血管ストレッチ加圧

2020年6月22日　第1刷発行

著　者	前田隆雄
発行者	森恵子
装丁・イラスト	武藤友江
発行所	株式会社めでぃあ森
	（本　社）東京都千代田区九段南 1-5-6
	（編集室）東京都東久留米市中央町 3-22-55
	TEL.03-6869-3426　FAX.042-479-4975
印刷・製本	シナノ書籍印刷株式会社

ISBN978-4-910223-00-0　C2077